KB014427

시도하지 않으면 아무것도 얻을 수 없다

시도하지 않으면 아무것도 얻을 수 없다

초판 1쇄 인쇄일 2023년 1월 10일
초판 1쇄 발행일 2023년 1월 20일

지은이 송추향
펴낸이 최길주

펴낸곳 도서출판 BG북갤러리
등록일자 2003년 11월 5일(제318-2003-000130호)
주소 서울시 영등포구 국회대로72길 6, 405호(여의도동, 아크로폴리스)
전화 02)761-7005(代)
팩스 02)761-7995
홈페이지 http://www.bookgallery.co.kr
E-mail cgjpower@hanmail.net

ⓒ 송추향, 2023

ISBN 978-89-6495-262-7 03320

* 저자와 협의에 의해 인지는 생략합니다.
* 잘못된 책은 바꾸어 드립니다.
* 책값은 뒤표지에 있습니다.

보험영업 에세이
완행열차를 타고 달리는 나의 꿈

시도하지 않으면 아무것도 얻을 수 없다

If You Don't Try, You Won't Get Anything

송추향 지음

BﷻG 북갤러리

"이 책을 만나는 사람은
행운을 얻는
사람입니다"

  그 누구보다 열심히 살아온 송추향 작가가 첫 번째 저서인 《시도하지 않으면 아무것도 얻을 수 없다》를 출간하게 되어, 진심으로 축하드립니다. 독자들이 이 책을 읽고 평생 살 것처럼 꿈꾸고, 꿈을 실현하기 위해 열정적으로 살게 되었다는 소식이 이어지기를 기대합니다.

  송 작가를 알게 된 것은 저의 저서 《책 쓰기로 인생 리셋하기》를 읽고 다시 펜을 들게 되었다는 반가운 소식을 메일로 보내와 연결되었습니다. 대전역에서 처음 만났는데, 맞이방 출입문 쪽에서 걸어오는 분이 송 작가임을 직감으로 알아차렸습니다. 단발머리에 단정한 복장, 조금도 흐트러지지 않은 외모와 빠른 걸음걸이는 작가가 그동안 살아온 삶의 여정을 대변해주고 있었습니다. 송 작가를 보니, 정현종 시인의 '방문객'에 나오는 시구가 떠올랐습니다.

"사람이 온다는 건, 실은 어마어마한 일이다. 한 사람의 일생이 오기 때문이다."

송추향 작가의 일생이 제 앞으로 걸어오고 있었습니다. 송 작가가 내게 온다는 것은 어마어마한 일이었습니다. 제가 교직에서 은퇴한 후, 저의 꿈인 책 쓰기 코칭의 첫 대상자가 되는 일이고, 책 쓰기를 통해 이 작가가 앞으로 어마어마한 일을 해낼 것이기 때문입니다.

한 권의 책은 저자의 경험과 깨달음, 삶의 철학, 가치관, 전문적인 지식 등을 담아 세상에 내놓습니다. 그래서 책은 곧 저자라고 할 수 있습니다. 송 작가는 고등학교 검정고시부터 대학교수가 되기까지, 얼마나 열심히 살아왔는지를 잘 그려내고 있습니다. 작가의 가슴에 뜨거운 용광로가 있었습니다.

이 책을 통해 송 작가를 만나는 사람은 행운을 얻는 사람입니다. 특별히 보험 영업하시는 분들은 복을 가져가는 사람으로, 이 책이 필독 도서가 되길 바랍니다. 책이 발간된 후 어떤 일들이 도미노 현상으로 일어나게 될지 기대가 됩니다. 에머슨(R. W. Emerson)은 이런 말을 남겼습니다.

"자신의 목표를 향해 나아가며 행동하는 사람이라면 온 세상이 그를 위해 길을 열어준다."

이 명언은 송추향 작가를 두고 한 말입니다. 마치 앰뷸런스가 급하게 달려오고 있을 때, 달리던 차들이 길을 비켜주듯이 목표를 향해 행동하는 사람에게는 온 세상이 길을 열어주게 되어 있습니다. 누구든지 꿈을 꾸고, 그 꿈을 이루기 위해 행동으로 옮긴다면, 온 세상이 꿈꾸는 자를 도와줍니다. 그러면 어느 날, 꿈이 현실이 된 것을 발견하고 스스로 놀라게 될 것입니다.

이 저서를 통하여 송추향 작가가 에세이 작가로서 크게 성공하기를 기대합니다. 그리고 강연가로서 우뚝 서기를 기원합니다.

테라폰 책쓰기코칭 아카데미

대표 **김선옥**

나는 영업을 통해
사람을 얻었고,
인생을 배웠다

시간은 누구에게나 공평하다. 인생은 정답이 없는 백지 시험지 같은 것이다. 나는 이 백지 시험지 같은 삶을, 나만의 답안지로 채워본다. 이 세상은 KTX처럼 빠른 속도로 변해가고 있다. 반면, 나는 천천히 가도 목적지에 도착하는 완행열차처럼 인생을 살아왔다.

시곗바늘처럼 열심히 째깍거리며 살아도 늘 제자리걸음 같은 날이었다. 어떻게 변화를 주면 조금 더 나은 삶이 될까? 시간에 얽매이지 않고, 경제활동과 가사를 충족하려면 무슨 일을 해야 할까?

내 나이 29세, 갓 태어난 아이를 키우는 젊은 엄마가 할 수 있는 일은 없었다. 결혼 전에 직장동료가 지나가는 말로 "보험 영업이 수입은 좋다더라."라고 했던 말이 갑자기 생각났다. 그 당시에 나는 영업에 관해서는 꿈에도 생각해 본 적이 없어 귀담아듣지도 않았다.

보험 일은 엄두도 내지 못했던 내가 지푸라기라도 잡는다는 심정으로 보험회사에 방문하고 있었다. '한 번 부딪쳐보기라도 하자. 무슨 일이든 시도라도 해보고, 못하겠으면 그때 그만두면 되지.'라고 스스로 어필하면서 아이를 업고 갔다. 나는 절박한 상황에 있다 보니, 생각보다 행동이 앞서고 있었다.

'6개월 하고 그만둘까? 1년만 하고 그만둘까? 아니, 내가 할 수 있기나 한 걸까?' 나는 그렇게 시작한 보험 영업을 33년째 묵묵히 이어가고 있었다. 세월이 어떻게 흐르는지도 모르게 훌쩍 가버렸다. 보험 영업은 삶의 의미와 진실을 나에게 알게 해주었다. 이 일은 사람을 만나는 일인 만큼, 나 자신을 갈고닦아야 했고, 공부도 계속할 수 있게 했다. 그 결과, 밝은 희망의 빛이 보이기 시작했다. 징검다리 건너듯 조마조마하게 걸어 온 보험 인생길이, 이제는 다른 사람에게 징검다리가 되었으면 하는 마음으로 써 내려간다.

영업만큼 정직한 것은 없다. 자신이 고생한 만큼 결과가 따라온다. 첫술에 배부른 법은 없다. 시간이 가면 갈수록 '생각하고 계획하는 대로 인생은 이루어지는구나!'를 알게 해주었다. 나는 영업에 1등을 하기보다 오랫동안 일하기를 바랐다. 그 이유는 새로운 사람을 만날 수 있어서 일이 즐거웠고, 많은 사람을 계속 만날 수 있어서 좋았다. 삶에서 중요한 것은 좋은 사람을 만나,

서로에게 필요한 사람이 되는 것이다.

내 인생의 반을 보험 영업으로 살았다. 일하면서 나의 부족한 부분을 공부하여 채웠으니, 이보다 더 좋은 직업이 어디 있겠는가! 나는 사람을 얻었고, 인생을 배웠다. 이 일은 세상의 이치를 알게 해주었고, 세상은 나에게 가장 큰 학교가 되었다. 오랫동안 일해보니, 보험은 누구에게나 꼭 필요하고 가치 있다. 이 가치 있는 일을 하는 전국의 수많은 FC(Financial Consultant)들에게 존경의 마음을 표한다.

직장생활을 하면서 자기 계발을 할 수 있는 시간은 많지 않다. 그러나 이 일은 나에게 최고의 직업이었다. 일과 자기 발전을 위해 자율적으로 시간을 조정할 수 있다는 점이다. 시간의 자유로움 덕분에 나는 여러 시도를 할 수 있었고, 다양한 경험을 했다.

영업을 시작하는 사람이나 영업에 잠시 힘든 상황에 부닥쳐 있는 사람들에게, 이 글이 힘이 되었으면 한다. 그동안 많은 사람에게 받아 온 관심과 사랑을, 이제는 내가 되돌려주어야 할 때라고 생각한다. 이 책이 내 삶의 또 다른 전환점이 되어 새로운 꿈이 이루어지길 바란다.

마지막으로 이 한 권의 책이 나오기까지 많은 도움을 주신 분께 진심으로 감사를 드린다. 그동안 코칭을 해주신 김선옥 코치님께 감사드린다. 내 인생의 멘토이신 이명숙 님께 감사드리며, 늘 응원해주신 경주 양태모 님, 영천 윤재육 대표님께도 깊은 감사를 드린다. 언제나 한결같은 정현숙 교수님, 권 광미 교수님께도 감사드린다. 오랫동안 함께 이 길을 걸어온 오봉식 본부장 님께도 심심한 감사의 마음 전한다. 그리고 도서출판 북갤러리 최길주 대표 님께도 감사를 드린다. 9월에 하늘나라로 가신 아버지께 이 책을 바치며, 아 버지, 어머니 감사합니다. 그 외 주변의 모든 분께도 진심을 담아 감사의 마 음 전한다.

2022년 11월

송추향 드림

1장

소중한 인생,
로드맵이
있나요?

내 인생,
로드맵을
그리던 날

　1991년 1월, 아들을 위해 교육보험을 가입했다. 마침 시숙모가 보험회사에 다니고 있어 쉽게 가입할 수 있었다. 상품설명을 들을 때는 다 이해한 것 같았는데, 저녁에 천천히 들여다보니 무슨 말인지 알 수 없는 용어로 가득했다. 처음 가입하는 보험이고 아들 교육을 위한 것이라 꼼꼼하게 볼 수밖에 없었다. 계약자, 피보험자, 수익자, 종피보험자 등 요즘 같으면 인터넷으로 찾아보면 금세 알 수 있지만, 그 시절엔 인터넷이 없었다. 보험 하나 가입하는데 내가 모르는 것이 너무 많았다. 급기야 든 의문. 나중에 계약대로 주기는 주는 건가? 다음날 계약서에 적힌 회사 사무실로 전화를 걸었다. 어제 교육보험에 가입한 사람이라고 하면서 궁금한 내용을 묻자, 직원은 친절하게 답변해 주었다. 하루가 지나니 궁금한 것이 또 생겼다. 그다음 날, 또 전화했다. 두 번째 전화하고 난 뒤, 나는 갑자기 이런 생각이 들었다. '대기업이니, 나처럼 이렇게 궁금해하는 사람을 위한 서비스 차원의 교육 프로그램이 있지 않을까?'

가입하고 사흘째 되는 날, 나는 다시 전화했다. "용어들이 너무 어려워 이해가 안 되는데 혹시 용어 설명해주는 교육 프로그램이 있나요?"라고 묻자, 직원은 일주일 후에 있다고 했다. 나는 안내 받은 대로, 오전 10시까지 아이를 업고 회사로 갔다. 이렇게 고객으로서 용어를 배우려고 참석한 교육이 사실은 영업사원 교육 프로그램이었다. 2개월 남짓 지난 아이를 업은 모습을 본 사무실 사람들은 놀라서 다들 나를 쳐다보았다. 특히 시숙모는 보험을 취소하러 온 줄 알고 더 많이 놀라셨다. 자초지종을 얘기하자 아이를 돌봐주겠다고 하시고는 나를 교육장으로 안내했다. 교육장에는 아이를 데리고 들어갈 수 없었다.

오랜만에 책상 앞에 앉아 교육받으니, 내가 살아있음을 새삼 느꼈다. 아이를 업고 다니면서 일주일 교육을 마치자, 이왕 교육받았으니 시험만 쳐보라고 했다. 시험에 합격하면 선물을 준다고. 집에서 딱히 할 일도 없는데 시험 보는 것이 대수인가 싶었다. 궁금한 것도 대략 알게 되었고, 이제는 끝났구나 싶었는데, 합격이라면서 본격적인 교육을 받아보길 권했다. 이것은 보험영업을 위한 교육이었고, 기간은 한 달이 걸릴 예정이었다. 나는 보험영업은 꿈에도 생각해 본 적이 없는데 말이다. "보험은 나이 많은 아줌마들이나 하는 일이지 내가 무슨 보험영업을 하냐?"라고 불같이 화를 냈다. 그런데 영업하지 않아도 좋으니 교육만 한번 받아보라고 재차 설득했다. 사실, 한 달 동안 아이 맡길 데도 없었다. 무엇보다 내가 하고 싶지 않았다. '나더러 보험을 하라고?'

'보험 영업하는 아줌마!'라고 상상만 해도 자존심이 상했다. 결국, 영업은 안 해도 좋다는 조건으로 교육만 받으면 20만 원을 주겠다고 하여, 나는 입과만 하기로 결정됐다. 이어 입과 전에 면접이 잡혔다. 나는 당당하게 정장을 입고 면접장에 갔다. 나의 서류를 본 교육과장은 아이를 키운 다음에 오라고 했다. 면접에서 탈락이 된 것이다. 나는 내심 쾌재를 불렀다. 하지만 아이를 업은 채 우유와 기저귀 가방을 들고 버스를 타고 집으로 가는데 왠지 속이 상했다. 일하든 하지 않든, 탈락했다는 사실에 자존심이 상한 것이다. '아이가 어리니, 나는 당분간 할 수 있는 일이 없겠구나!'라고 생각했다. '그래, 당분간 소중한 내 아이만 잘 키우자. 일은 천천히 하면 되지.'라고 씁쓸한 마음을 달래며 집으로 갔다. 집에 도착하기가 무섭게 시숙모의 전화가 걸려 왔다. 교육받는 동안 아이는 자신이 돌봐 줄 테니, 입과해보라는 얘기였다. 나는 갈등이 생겼다. '어차피 일하지 않을 건데 거짓말까지 하면서 입과해야 하나?'라고. 회사에서는 일할 사람을 교육해야 하는데, 나는 일할 마음이 없었다. 정중하게 거절했다. 다음 날 숙모는 집으로 찾아왔다. 당시 나는 대구 동구 단칸방에서 전세를 살았다.

"일하는 건 차후 문제이고, 일단 교육에 입과해봐. 교육만 마치면 대기업에 취직하는 거야. 아이 교육 수당도 있고, 대학교 학자금도 나와. 아이 키우면서 할 수 있는 일이야. 처음엔 급여가 많지 않아도 자신이 하는 만큼 수입이 올라가서 좋아. 처음부터 욕심부리지 말고 천천히 하면 돼. 교육받을 동안은 오전 9시부터 오후 4시까지 참석해야 하지만, 교육이 끝나면 시간이 자유로워."

듣고 보니 괜찮을 것 같았다. 나는 심사숙고 끝에 결정했다. 일하지 않더라도 교육받아서 나쁠 건 없을 것 같았다. 마침내 한 달 동안의 교육이 시작되었다. 내 인생을 바꿔놓을 내 인생 로드맵 교육을.

교육은 이론과 현장실습으로 이루어졌다. 이론교육부터 받았는데 처음 10일간은 매우 좋았다. 이론교육 중에서도 가장 인상 깊었던 것은 '내 인생의 로드맵'을 그리는 시간이었다. 한눈에 볼 수 있도록 언제쯤 주택을 마련하고, 언제쯤 차를 사며, 언제 돈이 매우 필요한지, 미리 계획을 세워 보는 것이었다. 결혼 후 처음으로 내 삶에 대해 계획을 세우고 희망을 그려보았다. 쉬는 시간마다 내려와 아이를 보면서 내 인생 로드맵 계획은 더 구체적으로 변해갔다. 이론교육이 끝나고, 20일 동안 현장실습을 나갈 때는 힘들었다. 아이에겐 모유와 우유를 같이 먹이고 있었는데, 현장실습 갈 때면 모유를 먹일 수 없었기 때문이다. 그래서 현장실습이 끝나기가 무섭게 사무실로 달려가 모유부터 먹이곤 했다.

교육실습이 생각처럼 쉬운 일이 아니었다. 일주일이 지나니 지쳐 있었다. '지금 내가 무엇을 위해 이러고 있지? 너무 쉽게 덤벼들었나?' 아이에게도 미안했다. 4시까지 교육을 받고 집으로 돌아가면 녹초가 되어 있었다. 어렵게 입과는 했기 때문에, 중도 포기는 안 될 말이었다. '이왕 시작한 거 끝까지 해보자, 어차피 교육만 받고 말 건데.'라는 심정으로 이를 악물고 버텼다.

교육을 마치기 하루 전, 장애인 복지재단으로 봉사활동을 갔다. 신체에 장애가 있지만 모두 밝은 모습으로 열심히 일하고 있었다. 모두 방마다 다니면서 청소하고 미리 준비한 봉사 물품을 전달하는데 나도 모르게 눈물이 하염없이 흘렀다. 그동안 힘들고 속상한 마음이 한꺼번에 터진 듯, 눈물을 주체할 수가 없었다. 교육장으로 돌아와 작성한 장애인 복지재단 방문 소감에 나는 처음으로 부모님께 감사의 글을 적었다. 그동안 부모님이 가난하다는 이유로 불만이 많았었다. 남보다 늘 부족한 것에 속이 상했었다. 제대로 뭐 하나 해주시지 않아서 원망이 가득했었다. 그런데 오늘 깨달았다. 나를 이렇게 건강하게 낳아 주신 것만도 감사했다. 못난 내가 바보 같았다. 그리고 결심했다. '건강한 내가 일하지 않으면 죄를 짓는 것이나 다름없다.'고. '일하고 싶어도 하지 못하는 사람이 얼마나 많은데.'라고.

한 달간의 힘든 교육을 마친 대가로 교육비 20만 원을 받았다. 10만 원을 아이를 돌봐주신 시어머니께 드렸다. 나머지 돈으로는 고기와 과일을 사서 시댁으로 갔다. 그날 푸지게 저녁을 먹었다. 어머니께 계속 아이를 돌봐달라고 부탁했다. 처음엔 그 힘든 일을 어떻게 하겠느냐며 만류하셨다. 이왕 교육까지 받았으니, 시도라도 해봐야겠다고 말씀을 드렸다. 3개월만 해보고, 그래도 힘들면 제가 알아서 그만두겠다고 말씀드리면서 뜻을 굽히지 않았다. 어머님은 나의 완고함에 드디어 허락해 주셨다. 그렇게 나의 '보험영업 인생'이 시작되었다. 1991년 3월의 일이었다.

02

시간은
정거장이
없다

2021년 10월 끝자락, 주말 오후에 따스한 햇볕이 아까워 집을 나섰다. 금호강이 훤히 내려다보이는 동촌 유원지 카페에서 차 한잔한다. 파란 가을 하늘에 하얀 솜털 같은 구름이 그림을 그리고 있다. 푸른 하늘에 바람이 구름을 붓 삼아 다양한 그림을 그려낸다. 이렇게 나는 하늘을 한참 올려다보다가, 멀리서 유유히 흐르는 강물을 내려다보았다. 강물도 바람 따라 물결을 이루며 유유자적하게 흘러가고 있다. 삶도 구름처럼, 바람처럼, 물처럼 흘러간다. 나는 노트북을 켰다.

이 노트북은 아들이 추석 때 내려와서, 밖에 나갔다가 온다더니 사 들고 왔었다. 필요하다고 얘기한 적도 없는데, 엄마에게 노트북이 필요한 것 같다고 딸이 이야기했다고 한다. 뜻밖의 선물에 매우 고마웠다. 사실 나는 카페에서 노트북 켜고 차 한잔하며 글 쓰는 것을 해보고 싶었다. 지금 사무실에서 사용하고 있는 노트북은 무겁고 오래된 것이어서 들고 다닐 수가 없다. 하얀 색상이고 가벼워서 딱 좋았다. 늘 철없는 아이라고 생각했는데, 벌써 서른세 살이 되어 직장생활을 서울에서 하고 있다.

 아들이든 딸이든 하나만 낳아서 잘 키워보겠다고 했던 날, 아들이 내 품에 안기던 그날이 엊그제 같다. 시간이 지나면서 알게 된 아들의 외로움을 생각하여 8년 만에 둘째 아이를 어렵게 가졌다. 예쁜 딸이어서 너무나 감사했다. 지금도 내 인생에서 가장 잘한 일은 딸아이를 낳은 것이다. 출산 전날까지 일하고 퇴근길에 병원에 입원했다. 직장동료에게 피해를 안 주려고 유도분만을 하러 간 것이다. 무지가 얼마나 위험한 일인지 나는 몰랐다. 유도분만을 하다가 과다출혈로 죽을 뻔했다. 남편은 각서도 썼다고 했다. 나는 수혈을 세 통이나 받았고, 간신히 정신을 차리며 차차 회복하기 시작했다. 모두 나더러 미쳤냐고 했다. 직장에 출산 휴가가 한 달이었고, 교육 진행을 번갈아 하기 때문에 유도분만을 결심했었다. 지금 생각해도 무지하고 미친 행동이었다.

 아이는 다행히 괜찮았다. 이렇게 얻은 딸이 어찌 예쁘지 않으랴. 나는 최선을 다해 좋은 부모가 되겠다고 자신과 약속했다. 부모가 되면 자녀에게는 모든 것을 다 해 주고 싶어 한다.
 아이들은 할아버지, 할머니의 사랑을 듬뿍 받아서인지 건강하게 잘 자라주었다. 성격도 밝고 명랑했다. 큰 아이는 책 읽는 것을 매우 좋아했다. 친구들과 놀고 오라고 해도 책을 더 좋아해서 잠시 놀다가 집으로 돌아와 책을 읽곤 했다. 이런 아들을 위해 주말이면 서점에 자주 가곤 했다. 아이들만큼은 나처럼 유년 시절을 어렵게 보내지 않았으면 하는 마음이었다. 내가 더 열심히 일할 수 있었던 것도 아이들에게 최선의 선택을 할 수 있도록 부모의 역할을 하기 위해서이다.

나는 매년 명절이 되면 친정에 한번 가겠다고 해놓고, 일하다 보면 금방 한 달이 가고 두 달이 가버리고 일 년이 가버렸다. 시부모님과 함께 살다보니 명절 때 친정에 가본 기억이 몇 번 안 되었다. 기껏 부모님 생신 때 잠시 찾아뵙고 돌아온다. 친정은 멀리 있다는 핑계로 그렇게 한 번씩 가고, 나 살기 바빠서 외면하고 살아왔다. 나도 앞만 보고 달려갔고, 시간도 정거장이 없이 달려가고 있었다.

2000년 8월, 아이들이 커가고 각자 공부방도 필요했다. 열심히 일해서 아파트를 분양받았다. 앞에는 금호강이 흐르고 뒤로는 팔공산이 보이는 대구 동구에 있는 동촌 근처로 분가한 것이다. 딸아이가 일곱 살, 어린이집 다닐 때다. 출근하기 전에 할머니 집으로 아이 데려다주기가 다시 시작되었다. 이때는 중고지만 빨간 프라이드 자동차가 있어서 6시에 퇴근하면 아이를 데려와서 아이에게 최선을 다했다. 고맙게도 아이들은 건강하게 잘 자라 주었다. 딸아이를 낳고부터 저녁에는 그 누구와도 약속해본 적이 없다. 일하면서 큰 아이를 제대로 돌봐주지 못했기 때문에 둘째 아이는 더 신경 써주고 싶었다.

2010년 큰아이가 서울 고려대학교에 합격했다. 아들을 키워 준 시어머님께서도 무척 좋아하셨다. 나도 아들이 자랑스러웠다. 건강하게 잘 자라 준 것도 고마운데 본인이 원하는 대학교에 갈 수 있어서 기뻤다. 나는 아이들을 돌보아주신 시어머님께 무한 감사를 드렸다. 부모는 자녀가 잘 되는 것이 최고의 기쁨이다. 이젠 아들을 서울로 보내야 한다. 처음으로 집을 떠나보내는 부모의 마음은 늘 노심초사다. 밥은 먹고 다니는지? 서울 생활은 잘 적응하고 있는지 걱정이 되었다.

세월은 여전히 빠르게 흘러가고, 둘째 아이도 어느덧 대학에 들어갔다. 딸이어서 집을 떠나보내는 것이 마음이 편하지 않았다. 딸은 기숙사 생활을 하게 되어 그나마 다행이었다.

계절은 여전히 봄이 오고, 여름이 지나가고, 가을이 오고, 겨울이 지나갔다. 한해가 잠시 뒤돌아 볼 틈도 없이 눈 깜작할 사이에 저만큼 가버리고 있었다.

자녀들은 성장하여 둘 다 서울로 떠나갔다. 딸도 이젠 대학교 4학년 졸업반이다. 둥지를 떠나 날아가는 새들처럼 모두 날아가고 그들의 체취만 남아 있다. 부모는 자식에 대한 그리움을 둥지에 채우며 살아간다. 이제 집에는 부부만 남았다. 남편도 늦게 다시 공부를 시작해서 정신없이 바쁘다. 자식 다 키우면 알콩달콩 신혼부부가 된다고 하는데, 우리 집은 각자 할 일들이 많아서 오순도순 이야기할 시간이 없다. 남편은 기말시험 준비로 바쁘고, 나는 집에서, 그리고 카페에서 글을 쓰기에 바쁘다. 사람들이 삼삼오오 카페로 들어오고 나간다. 유유히 흐르는 물을 막을 수 없듯, 시간 역시 되돌릴 수 없다. 열심히 살아왔는데, 아쉬움이 남는 건 어쩔 수 없다. 왜 시간은 정거장이 없을까? 가끔 쉬어갈 수 있는 정거장이 있으면 참 좋으련만.

영국의 시인이자 평론가인 새뮤얼 존슨(Samuel Johnson)은 이런 말을 남겼다.

"짧은 인생은 시간 낭비에 의해 더욱 짧아진다."

시간은 누구에게나 똑같이 주어진다. 그런데 어떤 사람은 시간을 아껴 자기 인생을 최고의 삶으로 만들어가며, 만족하며 살아간다. 반면, 시간을 그냥 흘러보내면서 살아가는 사람도 있다. 정거장이 없는 시간을 어떻게 하면 잡을 수 있을까?

나는 카페에 앉아 노트북 자판기를 두드리다 진한 커피 한 모금을 마신다. 33년 세월이, 따끈한 커피에 녹아 목을 타고 넘어가고 있다.

03

완행열차를
타고
달리는 꿈

아침이슬이 잠에서 깨기도 전, 중학교 등교를 위해 이십 리 길을 매일 아침 걸어서 다녔다. 자전거를 탄 남학생들이 떼를 지어 지나간다. 그 모습이 장관이다. 그러나 여학생들은 그 길을 모두 걸어 다녔다. 뒷모습과 걸음걸이만 봐도 누구인지 알 수 있었다. 매일 아침 걸어가다 보면 친구들을 만나게 되어 서로 인사하였고, 학교는 달라도 어지간한 학생들을 다 알게 된다. 이십 리 등굣길 중 십 리는 비포장 길이었다. 포장된 길은 가을이면 예쁘고 화사한 코스모스 길이었다. 아스팔트길 양쪽으로 하얀색, 분홍색, 빨간색 코스모스가 아침마다 등교하는 학생들을 반겨주었다. 햇살이 비치면 더 환하게 미소짓는 코스모스들, 늘씬한 몸매를 하늘거리며 춤을 추었다.

오늘 아침에는 꽃들을 어루만지면서 이별을 고한다. 나의 작은 가슴에 아름다운 코스모스길, 기억해줄게. 내일부터는 이 길도 안녕이니까.

1978년 10월 26일 4시 30분, 나는 벌교역에서 대구로 가기 위해 기차를 탔다. 태어나서 처음 타보는 완행열차가 신기했다. 열차 안에 화장실이 있는 것도 신기했고, 왔다 갔다 하며 물건 파는 아저씨가 있는 것도 신기했다. 처음 보는 사람인데도 어디까지 가느냐고 물어보며 다정하게 이야기하는 것도. 기차가 역에 도착할 때마다 장사 보따리를 이고 지고 기차에 오르는 억척스러운 할머니 모습도 인상적이다. 기차 안에는 작은 세상이 있었다. 창밖을 바라보니 활짝 핀 코스모스가 손을 흔들며 이렇게 말하고 있었다.

"너 혼자 어디 가니? 이제부터 네 꿈을 맘껏 펼쳐봐!"

중학교에서는 10월 말이 되면 고등학교 입학원서를 준비한다. 벌교에는 삼광여자고등학교와 벌교상업고등학교 두 개가 있었다. 내 아래로 남동생이 세 명, 여동생 두 명이 있었기 때문에, 이 고등학교에 들어간다는 것은 엄두도 내지 못할 일이었다. 다니고 있는 중학교도 고등학교 입학 자격 검정고시를 치르는 중학교 형태를 갖춘 고등공민학교였다. '3학년 8월에 검정고시 합격 후, 고등학교는 내가 벌어서 가야지.'라고 진작부터 생각하고 있었다.

하루 전날이었다. 담임선생님께서 "너는 고등학교 어디로 갈 거니?"라고 물었다. "저는 야간고등학교 갈 겁니다."라고 대답했다. 다음날 대구로 가야 하는 사정도 말씀드렸다. 마침 사촌 언니가 집에 다니러 온다고 해서, 사촌 언니를 따라가기로 작정한 터였다. "3개월만 있으면 졸업인데, 졸업식은 하고 가지."라고 선생님과 친구들이 만류했지만, 나는 어영부영 시간을 보내는 것보다 빨리 돈을 버는 것이 낫다고 생각했다. 졸업식에는 참석할 것을 약속했다. 나를 태운 기차는 그렇게 대구로 향하고 있었다.

얼마쯤 지났을까! 기차에서 내려야 한다고 사촌 언니가 말했다. 삼랑진에서 40분쯤 기다렸다가 부산에서 오는 기차를 갈아타고 동대구에 도착했을 때는 밤 8시경이 되었다. 환한 네온사인 불빛이 도시로의 입성을 실감 나게 해주었다. 대명천지 눈부심을 뒤로 하고 버스를 탔다. 1시간쯤 지나자, 버스 종점이 있는 검단 공단지역이었다. 조금 전 모습과는 매우 상반된 캄캄한 시골 같은 분위기였다. 10분 정도 걸어서 도착한 곳은 큰 섬유회사였다. 철문이 열리고 경비 아저씨가 사감실로 전화하여 허락받아, 드디어 기숙사로 들어가서 첫날 밤을 보냈다.

다음날 나는 교복을 입고 회사로 첫 출근을 했다. 낯선 사람이 등장했으니 모두 나를 쳐다보았다. '혼자서 견학하러 올 리는 없고, 취업생은 아니겠지? 조그마한 체격에 앳된 모습의 중학생이 여기에 왜 왔나?'라는 눈빛이었다. 사람들의 관심 속에 주임은 나를 소개하였고, 이어 회사 유니폼을 주면서 갈아입으라고 했다. 그러니까 나의 첫 직장생활이 시작된 셈이었다. 야간고등학교에 가기 위해 나는 이렇게 무슨 일이든 해낼 각오가 되어 있었다. 하얀 컬러의 중학교 교복이 나의 사회생활 첫 출근 정장이 된 셈이다. 꽤 괜찮은 정장이지 않은가!

나는 언제나 출근 시간보다 1시간 일찍 작업장에 나왔다. 자수 재봉 기술을 익히기 위해서이다. 연습하고 또 연습했다. 7시에 퇴근하면 저녁을 먹은 후 10시까지 연습했다. 내가 살 길은 기술을 빨리 익히는 것뿐이었다. 바늘이 손가락을 수없이 찔러도, 다 거치는 과정이라고 나 자신을 위안했다. 시간 가는 줄 모르고 새로운 생활에 적응하면서 희망에 부풀어 있을 무렵, 친구들에게서 편지가 왔다. 2월 10일 졸업식이 있으니 꼭 내려오라는 내용이었다. 직장에서는 졸업식에 다녀오라고 허락했지만, 사실 나는 왕복 차비도 아까웠다. 졸업식이 있던 날, 나는 상상 속의 졸업식을 하며 더 열심히 일했다. 그런데, 시간이 흐를수록 눈물이 볼을 타고 흘러내렸다.

'간다고 할 걸 그랬나? 친구들과 졸업사진도 없을 텐데.'라고 후회도 되었지만 소용없었다. 화장실에 가서 울고 또 울어도, 눈물샘이 터져버렸는지 그칠 줄 몰랐다. 졸업식을 잊으려고 열심히 일에 몰두했다. 옆에 있던 동료가 내 마음을 아는지 나를 웃게 하려고 애썼다. '졸업식을 마친 친구들은 지금 무엇을 하고 있을까? 친한 친구 일곱 명이 여기저기 다니면서 졸업사진 찍느라 정신없겠지?' 점심을 먹고 난 뒤 나는 혼자만의 시간이 되자 친구들이 보고 싶어졌다.

그렇게 시간은 지났다. 6개월쯤 되었을 때, 나는 기술을 모두 익힐 수 있었다. 이제 자수 재봉을 한 대 맡을 수 있는 기술자가 되었고, 월급도 조금씩 많아졌다. 1년 동안은 월급에서 용돈 5천 원을 제외하고 모두 저축해서 100만 원을 모았다. 그리고 고스란히 부모님께 드렸다. 부모님은 송아지도 사고, 논도 샀다고 했다. 이렇게 직장생활 1년 후 야간고등학교에 다닐 수 있게 되리라고 생각했다. 하지만 회사에서 보내주는 학교는 실업계고등학교였다. 나는 인문계고등학교에 진학한 다음, 대학교에 가고 싶었다. 인문계 야간고등학교를 찾아보았지만 헛수고였다. 다행히 대학 입학 자격 검정고시가 가능한 야간 고등공민학교를 찾았다. 나는 열심히 다시 저축했다. 이제는 내 공납금을 만들기 위해서였다.

고향을 떠난 지 2년이 지났을 때, 나는 야간 고등공민학교 학생이 되어 있었다. 검단동에서 89번 버스를 타고 내당동에 있는 학교까지 1시간이 걸렸다. 회사에서는 실업계고등학교에 다니는 사원들을 회사 버스로 통학시켜주었다. 나는 방향이 달라 시내버스를 타고 다녔다. 저녁은 어묵 국물과 떡볶이로 배를 채웠다. 수업을 마치고 기숙사에 도착하면 밤 11시 20분. 기숙사 규칙에 따라 조용히 씻고 빨리 불을 꺼야 했으며, 사감 선생님의 점검이 이어졌다. 소등 점검이 끝나면 다시 일어나 복도에서 숙제도 하고 복습과 예습도 했다. 힘들고 피곤했지만, 학교 가는 생각만으로도 즐거웠다. 힘들어 마음이 약해질 때면 '야간 학생'이라는 노래를 부르며 힘을 얻고 꿈을 키우며 견뎠다. 지금은 고인이 된 가수 조경수 씨가 1978년 발표한 노래다. 나는 이 노래를 참 좋아했다. 꼭 나를 위해 만들어진 노래인 것 같이 느껴졌기 때문이다. 노래를 부를 때마다 눈물이 흘러내렸지만, 마음은 세상에서 가장 큰 부자가 되어 있었다.

때로는 고달프고 때로는 슬프지만, 그래도 우리는 꿈을 먹는 야간 학생.

빛나는 눈동자에 희망이 가득하고, 포근한 가슴속에 사랑이 여울지네!

언제나 꿈을 안고 내일에 산다, 언제나 꿈을 안고 내일에 산다.

랄랄라 언젠가는 랄랄라 행복한 그날이 올 거야.

노래 가사처럼, 꿈을 안고 열심히 달려나갔다. 고등학교 3학년이 되었을 때 8월에 대학 입학 자격 검정고시에 합격했고, 드디어 1986년 3월에 전문대학 관광영어통역학과에 입학했다. 물론 야간대학이다. 더 이상을 바란다면 욕심이었다. 그렇게 시작된 대학 생활은 또 다른 미지의 세계로 달려가고 있었다. 철커덕거리는 완행열차처럼 나의 삶도 천천히 열을 뿜으며 달리고 있었다.

발레리나 강수진은 《나는 내일을 기다리지 않는다》에서 이렇게 말했다.

"꿈을 놓치지 마라. 꿈이 없는 새는 아무리 튼튼한 날개가 있어도 날지 못하지만, 꿈이 있는 새는 깃털 하나만 갖고도 하늘을 날 수 있다."

04

내 안에
뜨거운 용광로가
있었네!

'목마른 사람이 우물을 판다.'라는 말이 있다. 나는 늘 배움에 무언가 갈증을 느끼며 살고 있었다. '부족한 나를 채우고 싶은데, 무엇을 하는 것이 좋을까!'라고 고민하고 있을 때, 동료 한 명이 요즘 교육받으러 다닌다고 했다. 무슨 교육인지 궁금해서 물었다. '카네기 리더십 교육'이라고 했다. 나는 교육센터 담당자에게 바로 전화해서 물어보았다. 교육 일정과 시간, 비용에 대해서 알아보니, 다음 세 가지의 벽에 부딪혔다. 첫째, 비용이 만만치 않았다. 둘째, 시간이 저녁 7시부터 10시 30분까지로 너무 늦게 끝났다. 매주 화요일로 일주일에 한 번이지만, 나에게는 벅찬 시간이었다. 셋째, 교육 과정은 10주 동안 진행되어 꽤 긴 시간이 필요했다. 수료식까지 하면 11주가 걸린다. 교육 참석을 시범적으로 해볼 수 있는지도 물어보았다. 나는 한번 참석해보기로 했다.

강의장 안에는 모두 열정이 넘치도록 수업하고 있었다. 나에게 꼭 필요한 교육이 될 것 같았다. 나는 다음 기회에 교육받기로 했다. 금액이 생각보다 컸지만, 더 큰 발전을 위해 나에게 투자하기로 결심했다.

교육이 시작되는 날, 30명 정도의 처음 보는 사람들이 자기소개를 하기 시작했다. 나는 나의 소개를 할 만한 특별한 무언가가 없었다. 그저 아이들의 엄마이고, 보험 일을 하는 사람이라고 소개했다. 자기소개를 들어보니 모두 열심히 살아가고 있는 사람들임에는 틀림이 없었다. 매주 화요일이면 많은 사람의 살아가는 이야기를 들을 수 있었다. 공부는 학교에서만 하는 것이 아니구나, 나에게 꼭 필요한 교육이라는 것을 시간이 갈수록 더 진하게 느껴졌다. 말하는 태도, 행동, 배려심, 갈등을 해소해 나가는 것을 사례와 피드백으로 서로 다듬어주고 있었다. 교육비가 비싼 이유를 알 것 같았다. 지혜롭게 살아가는 방법을 하나씩 배워 나가고 있었다. 교육 시간마다 두 번씩 발표하는 것이 특징이었다. 모두 한 주간 있었던 일 중에서 주제에 맞게 사례를 발표하고 해결방안을 이야기했다. 그리고 피드백을 곁들이면 세상에 해결 안 되는 일이 없을 것 같았다.

오랜 시간 동안 많은 사람의 지혜를 모아 전해져오는 좋은 교육 프로그램이었다. 개인의 변화가 주변에 얼마나 많은 영향을 미치는지도 경험하게 되었다. 나의 고민과 갈등이 교육을 통해서 해소되고, 주변 사람들에게도 선한 영향력을 끼쳐야겠다고 생각했다. 경험이 부족한 자녀들에게도 간접경험을 통해 성장할 기회를 주고 싶은 교육이었다. 그래서 아들이 고등학교 1학년 때 입과시켰다. 학생들에게는 방학 때 2박 3일로 짧게 교육을 진행했다. 공부도 중요하지만, 인성을 중요시하는 나로서는 가장 먼저 추천한 사람이 아들이었다. 교육을 마친 날 수료식에 참석했는데 모두 활기차고 자신감을 뿜어냈다. 나는 아들에게 큰 선물을 해준 것 같아 기쁘고 보람되었다. 아들의 삶에 어떤 영향을 줄지 모르겠지만, 나는 분명 지혜롭게 잘 살아가리라는 확신이 있었다. 세상은 혼자 살아가는 것이 아니라, 더불어 살아가야 한다는 것을 아들이 알았을 테니까.

나 또한, 이 교육을 마치고 마음의 큰 변화가 있었다. 결혼하고 가슴속에 묻어두었던, 잠자고 있던 나의 꿈들을 하나씩 흔들어 깨우기 시작했다. 그동안 죽어라 하고 일만 했는데, 이젠 나에게도 '도전'이라는 선물을 주고 싶었다. 교육을 통해 열정이 다시 살아난 것이다. 자신감도 생겼다. 햇빛과 바람과 물을 잘 주어서 쑥쑥 자라나는 식물처럼, 나도 그렇게 꿈을 키워보고 싶었다.

전문대를 졸업한 나는 석사과정을 밟기 위해 학사가 필요했다. 그래서 비용을 아끼기 위해 방송통신대학으로 편입했다. 2년 동안 일곱 명이 열심히 스터디그룹을 만들어서 공부했다. 뜨거운 여름에 산으로 바다로 모두 휴가를 가지만, 우리는 모여서 공부했다. 저마다 하는 일이 다르고 나이도 다르지만, 마음속에 뜨거운 용광로는 하나씩 가지고 있었다. 2년 동안 열심히 공부한 결과, 학사과정을 수료했다. 더 감사한 것은 졸업 후 모두 석사과정에 합격한 것이다. 대학원은 달랐지만, 목표를 달성했기에 최고의 기쁨이었다. 일곱 명 모두 일하는 친구들이었기에, 더 훌륭하게 느껴졌다. 아이들 뒷바라지뿐만 아니라 열심히 일하고 공부까지 하는 친구들이다. 나보다 나이는 10년 정도 어린 친구들이었지만, 모두 배움에 갈증을 느끼는 사람들이라는 것에 새삼 놀라웠다. 아름답게 살아가려고 노력하는 사람들이 많은 것을 보고, 세상이 아름다워 보였다. 자신에게 주어진 삶을 그저 살아가는 사람도 있고, 열 배, 백 배로 더 멋지게 인생을 만들어 가는 사람이 더 많다는 것을 알게 해주었다.

카네기 리더십 교육을 받은 후, 나를 소개하는 자리에 가면 카네기식 소개법으로 한다. 나를 알리는데도 상대방이 기억하기 좋게, 한번 들으면 잊어버리지 않게 소개한다. 그렇게 소개해 본 결과, 대부분 기억해주는 사람이 많았다. 예를 들면 "저는 송추향입니다."라고 하는 것보다 "저는 가을향기 송추향입니다."라고 하면 사람들은 가을향기를 기억하면서 이름까지도 기억해주는 것이다. 사람을 기억한다는 것은 매우 중요한 일이다. 특히, 사람을 많이 만나는 직업일수록 더 그렇다.

공자께서 말씀하셨다. "학이시습지 불역열호(學而時習之 不亦說乎)!"이다. 배우고 때때로 그것을 익히면 또한 기쁘지 아니한가? 얼마나 멋진 말인가!

배움에는 끝이 없다. 배움이 또 다른 배움을 갈망하게 만들고 그것을 이루었을 때, 그 기쁨은 천하를 얻은 것처럼 기쁘다. 선인들의 지혜가 담긴 책은 보면 볼수록 삶의 깊이와 진한 맛을 알게 한다. 책을 보면 행복해지고 안 먹어도 배가 부른 것 같은 느낌이다.

2016년, 1년에 책 100권 읽기에 도전해 본 적이 있다. 그때는 전자책이 없어서 도서관에서 빌려 보았다. 매주 도서관 가는 재미도 쏠쏠했다. 요즘은 전자책이 있어서 너무 편하고 좋다. 스마트 패드만 있으면 보고 싶은 책을 언제, 어디서든지 읽을 수 있다. 이 얼마나 좋은 세상에 살고 있는가!

세상은 편해지고 있는데, 모두 시간이 없다고 한다. 참으로 아이러니가 아닐 수 없다. 생활하는 데 편리한 기계는 쏟아지고 있는데 말이다. 심지어 기계 하나로 네 종류의 요리를 하는 것도 있다. 주부들에게 딱 좋은 물건이다. 한없이 편한 세상인데 왜 책 읽을 시간은 없을까? 책 속에 세상이 있고, 책 속에 길이 있으며, 책 속에 지혜가 얼마나 많은지 알았으면 좋겠다. 책을 읽음으로 자신을 알게 되고, 타인을 알게 된다. 자기 자신도 잘 모르고 살아가면 얼마나 안타까운가, 무한한 잠재력을 가지고 있는 자신을 말이다.

작은 용광로가 있는 나를 발견하면서 나의 인생은 또다시 도전하기 시작했다. 그리고 잠자고 있는 나의 잠재력을 흔들어 깨웠다. 석사 졸업 후 박사과정에 도전하고 대학 강단에서 강의도 했다. 강의를 맛깔나게 잘하고 싶어서 강사를 위한 교육을 찾아보았는데 대구에는 없었다.

서울 이화여자대학교에 명강사 프로그램이 있었다. 나는 전화를 해서 필요한 서류와 비용을 지급하고 매주 두 번씩 서울까지 강의를 들으러 갔다. KTX를 타고 다녔는데, 그 비용도 만만치 않았다. 유능한 강사들이 많았다. 이미 강사로 활동하고 있으면서 최고의 강사가 되기 위해 배움의 끈을 놓지 않는 사람들이었다. 나에게만 있는 줄 알았던 용광로가 강의장에 있는 사람들 모두 활활 타오르고 있었다. 열심히 살아가는 사람들을 보면 기분이 좋아진다. '나도 언젠가는 저 강사들처럼 멋진 강사가 될 수 있을까?'라고 생각하면서 열심히 참석했다. 마산에서 오는 사람도 있었고 대구, 경기도, 인천 등 각지에서 참석했다. 강의 분야는 각각 다르지만, 시범 강의를 듣고 있노라면 감동 그 자체였다.

목요일에는 저녁 강의가 7시 시작되어 마치고 대구까지 오면 12시가 넘었다. 토요일에는 오전 10시부터 시작하기 때문에 아침 7시 차를 타고 간다. 12시 정도 마치면 점심 식사 후 동료들과 많은 대화를 나누며 피드백을 주고받는다. 서울에 사는 사람들이 부러울 때가 그때였다. 나는 대구로 와야 하니 항상 그들보다 먼저 나섰다. 이 과정을 마치고 돌아오는 길은 늘 행복했다. 그리고 나의 가슴에 활활 타오르고 있는 용광로를 보았다. 힘들었지만 '만족'이라는 것이 나의 피로해소제가 되고 있었다. 뿌듯하고 감사한 마음이 가슴 깊이 가득했다.

성공학의 거장 니도 쿠베인(Nido R. Qubein)은 이런 말을 남겼다.

"제한된 일련의 목표에 모든 에너지를 집중하는 것만큼 삶에 큰 힘을 더해 주는 것은 없다."

05

뜨거운 꿈,
교육 지도장이
되다

1994년 1월 교육 지도장으로 발령받았다. 보험회사에 입사한 지 2년 8개월 만의 일이었다. 교육 지도장이란 신입 교육생 중심으로 이론과 실습을 한 달 과정으로 교육한 뒤, 혼자서 자립할 수 있도록 훈련하는 교육 과정을 맡는 사람이다. 그리고 1년 미만의 신입사원 분기별 재교육 등 교육을 총괄하는 일을 담당한다. 물론, 신입사원이 아니라도 특별과정 교육이 있으면 이 또한 진행을 담당한다. 그리고 정보공유 차원에서 다른 지점의 강사로도 자주 출강한다.

필자가 보험회사에 입사해 신입 교육을 받던 날, 교사 같은 인상의 중년 여성이 자신을 소개하는데, 전문직 여성처럼 당당하고 멋져 보였다.

"한 달 동안 신입사원 여러분의 교육을 담당하게 된 ○○○입니다."

그분은 오랫동안 교직에 있다가 이 회사에 입사했다고 한다. 나는 조금 의아해했다. '학교 선생님 같은 좋은 직업을 두고 왜 오시게 되었을까?' 나는 보험회사에 대한 인식을 달리하게 되었다. 영업만 하는 줄 알았는데, 교육을 담당하는 부서가 있다는 사실도 알게 되었다. '나도 언젠가는 저 지도장처럼 될 수 있을 거야!'라고 교육받던 첫날, 나는 상상 속의 꿈을 스케치했다.

일을 시작한 지 2년 8개월, 꿈은 현실이 되었다. 교육 지도장은 경험도 많아야 하고, 보험상품 공부도 많이 해야 했다. 영업 경력이 평균 7년은 되어야 교육 지도장으로 추천받을 자격이 주어지는 것이 관례였다. 그런데 어느 날 갑자기 내 앞으로 교육 지도장 추천서가 전달되었다. 나는 경력이 턱없이 부족한데도 말이다. 응원하는 사람도 있었지만, 시기 질투하는 시선도 있었다.

그 당시 고(故) 이건희 회장님의 슬로건은 "배우자와 자녀만 빼고 모두 바꾸어라."였다. 이 말은 변화를 모색하게 했고, 실제 강한 변화를 주었다. 지점 변화의 동기로 젊은 층을 리쿠르팅하기 위해 32세인 나를 교육지도자로 발탁하게 된 셈이다. 떨어질 것을 각오하고 면접을 준비했다. 그런데 합격이 되었다는 통지를 받았다. 뜻밖의 소식에 기뻤지만, 겁부터 났다. 어찌할 바를 모르고 있는데, 지점 선배들이 앞장서 격려해주었다. "너는 잘해 낼 거야."

　교육 진행에 필요한 지도장 교육이 회사 연수원에서 시작되었다. 전국에서 온 신입 지도장들과 같이 교육받으니, 힘이 생기고 용기도 났다. 강의기법, 예절 교육, 상품 교육 등 유익한 교육을 받았다. 한 단계 성장해가는 나의 모습을 볼 수 있어 흐뭇했다. 일주일간의 합숙 교육을 마치고 돌아왔다. 한 시간 일찍 출근해 교육 일정을 숙지하고 교육생에게 필요한 준비물을 챙겼다. 처음에는 보조역할이었다. 선배 지도장들의 강의 내용을 꼼꼼하게 챙겨 듣고, 메모하며 공부했다. 두 달 정도 지나자, 드디어 내게도 강의 시간이 주어졌다. 밤을 새워 연습했지만, 떨리는 것은 어쩔 수 없었다. 강의기법을 배웠음에도 막상 단상에 서니 머릿속이 하얘졌다. 능숙하게 진행하는 선배들을 보며 존경심이 생겼다. 역시 아무나 할 수 있는 일이 아니라는 것을 느꼈다. '나도 언젠가는 멋진 강사가 되어야지!'라고 가슴에 새기고 또 새겼다.

　'어떻게 하면 강의를 재미있게 할까.'라고 고민하던 중, YMCA의 레크리에이션 강좌를 보고 수강 신청을 하였다. 생동감 넘치는 교육장을 만들기 위해 스팟을 적용했는데 반응이 매우 좋았다. 새로운 도전은 늘 설렜고, 성취감은 계속 상승했다. 천천히 나는 자리를 잡아가고 있었고, 강의에 흥미와 자신감이 붙기 시작했다. 그제야 "교육 지도장 송추향입니다."라고 소개를 할 수 있게 되었다. 나의 첫 번째 목표가 달성된 셈이다. 가슴에 처음 새긴 날로부터 3년이 채 안 되어 목표를 달성했다.

사실 소장은 그동안 가혹할 정도로 나를 강하게 훈련시켰다. 즉 사내 트레이너를 맡아 교육과 평가를 끝없이 되풀이해야만 했다. 나는 불만이 많았지만, 시키는 대로 묵묵히 그리고 열심히 했다. 나에게 꼭 필요한 훈련이었다는 것을 나중에야 알게 되었다. 매우 감사했다. 세상에 공짜는 없는 법, 열심히 하면 이룰 수 있다는 것, 진심은 통한다는 사실을 뒤늦게 알게 되었다.

　가르친다는 건, 곧 배우는 일이며 나를 성장시키는 일이다. 더 많이 공부하고 꼭꼭 씹어 소화해서 교육생에게 전달해야 한다. 교육을 진행하면서 가장 감동적이고 보람을 느낄 때는 교육 마지막 날이었다. 교육생들 소감에 적힌 열정적인 지도장님 모습을 보고 일해 볼 용기가 생겼다는 글을 읽을 때였다. 내 작은 열정이 전달되어 흐뭇했다. '나의 역할에 최선을 다하고 있구나, 그래 잘하고 있어.'라고 나에게 말하며, 버스를 타고 퇴근할 때면 내가 영화 속 주인공처럼 느껴졌다.

　설문 조사에서 많은 교육생의 꿈은 교육 지도장이었다. 학교로 보면 교사인 셈이다. 중학교 시절 나의 꿈도 교사였다. 하지만 나는 인문계 고등학교에 바로 갈 수 없었다. 그러니 대학교는 꿈 같은 일이었다. 그런데 학교는 아니어도 직장에서 교사와 다름없는 교육 지도장이 될 줄은 몰랐다. '꿈은 이루어지는 것'이라 생각하니 입가에 미소가 자꾸 번졌다. 삶은 의미 있고, 보험은 소중한 일이라는 것을 알게 되었다. 그리고 교육 지도장으로서 어깨가 무거워짐을 느꼈지만, 신입사원 교육은 보람 있는 일임을 깨달았다.

2년 동안 열심히 공부하고 실천하면서 교육 지도장을 수행했다. 2년이 지나면 필드 지도장으로 발령이 난다. 배운 것을 현장에서 활용하라는 의미도 있고, 필드에서 쌓은 경험을 교육으로 전달하라는 의미도 있다. 교육과 필드는 2년 정도 주기로 늘 교체가 된다. 필드 지도장은 신입사원과 현장에서 함께 뛰면서 교육과 지도를 병행하는 자리이다. 생생한 현장에서 사원과 함께 경험을 쌓으며 성취감을 맛볼 수 있는 것이 또 다른 보람이다. 필드 지도장을 하면서 나는 살아 움직이는 물고기처럼 뛰어다녔다. 1년 미만인 사원 15명 정도를 관리하는 일이다. 개인마다 성향이 다르고 일하는 스타일이 달라서 처음엔 사원들을 파악하는 데 시간이 걸렸지만, 나중에는 재미있게 일할 수 있었다. 매일 두서너 명씩 동행하며 일한다. 같이 움직이다 보면 자연스레 속내를 털어놓는 사이가 된다. 열심히 일할 수 있도록 뒷받침해주는 것이 나의 일이었으므로, 때로는 고민 상담사가 되어야 했다.

교육생 중 한 명은 부부싸움을 했는데 남편이 일을 그만두라고 해서였다고 한다. 매사에 긍정적이고 열심히 사는 야무진 직원이었다. 나는 그 남편을 찾아가 면담했다. 이유는 어린 자녀 때문이라고 했다. 세상에 자녀를 사랑하지 않는 부모가 어디 있을까! 아이를 어린이집에 보내고 출근할 때는 마음이 아프지만, 아이가 성장할수록 교육비가 많이 지출된다는 것을 알기에 열심히 일하고 있었는데, 남편이 일을 하지 못하게 한 것이다.

라이프 사이클을 보면서 한 가정에 필요한 5대 자금인 생활비, 자녀 교육자금, 주택자금, 노후 자금, 자녀 결혼자금들을 그 남편에게 대략 계산해 주었다. 현재를 살면서 미래도 준비하는 것이 보험의 목적이다. 오늘만 생각하고 살다 보면, 필요한 5대 자금은 어떻게 마련한단 말인가! 남편 혼자 고생하게 둘 수 없어 아내가 도우려는 것이라고 덧붙여 말했다. 나도 어린 자녀가 있어서 더 열심히 일한다고 말하면서 그 남편을 설득했다.

서로 이야기하다 보면, 공통된 고민거리가 있다는 것을 알게 된다. 인생을 멋지게 사는 방법, 그것은 살아가면서 생기는 고민을 어떻게 해결하느냐에 달렸는지도 모른다. 그날 이후 그 사원은 더 활발한 활동으로 승승장구하게 되었다.

몇 년이 지난 어느 날, 맛있는 음식을 대접하겠다고 그 친구에게서 전화가 왔다. 그 사원은 지도장님 덕분이라며 매우 고마워했다. 이제는 남편이 집안일을 많이 도와주며 응원해준다고 했다. 이 말을 들으니, '이 맛에 필드 지도장을 하는구나!'라는 생각이 들며 가슴이 울컥했다. 그 사원은 오랜 세월이 지난 지금도 일을 잘하고 있다. 가끔 전화 통화를 하면 자녀 이야기, 남편 이야기부터 한다. 소소하게 살아가는 이야기가 이렇게 큰 감동으로 다가올까! 삶은 감동의 연속이다. 개인마다 살아가는 방식이 다르고 생각도 다르지만, 삶에 대한 열정은 같았다.

성공하고픈 자기만의 삶의 목표를 향해 날갯짓하는 천사들을 나는 보고 있다. 그 천사의 이름은 '엄마'다. 일이 힘들어도 자녀를 위해, 가정을 위해, 남

모르게 마음 졸이고 하루에도 수십 번 상처 받아도 날갯짓은 멈추지 않는다. 영업 중에서도 가장 힘든 일이 보험영업이다. 일하는 엄마의 자녀들이 잘 자라고 성공하는 사례를 많이 보았다. 이 또한 열심히 살아온 삶을 통해 엄마가 보여준 산교육의 힘이 아닐까! 보험회사에서 대다수를 차지한 엄마들은 보험업계의 훌륭한 인재들이다. 세상은 늘 변한다. 지금은 젊은 남성들이 영업사원의 자리를 많이 차지하고 있는 것이 거부할 수 없는 현실이다. 그리고 그들의 세계는 또 무엇일지 궁금해진다. '지금 나는 어디에 있는가?'를 생각하며, 나 또한 힘찬 날갯짓을 멈추지 않는다.

06

삶은
익어가는
것이다

중학교 졸업할 때부터 다녔던 섬유회사에서 탈출해 관광호텔에 입사했다. 대학교에서 관광통역학과를 전공해 졸업하자마자 이직한 것이다. 섬유회사 직장 상사가 "이제는 너의 길을 가거라."라고 하시면서 나를 보내주셨다. 사실 나는 회사 측에 미안해서 고민하고 있었다. 그동안 정도 많이 들었고, 회사의 도움으로 대학에도 다녔는데, 회사에서 나가려니 얌체 같기도 했다. 아쉬움을 뒤로하고 새로운 세상으로 출발했다.

공단에서 근무하다가 호텔로 가니 환경이 깨끗해서 좋았다. 그리고 나도 고급스러운 사람처럼 느껴졌다. 새로운 분위기에 낯설었지만, 천천히 적응해 가고 있었다. 영업부에서 근무했다. 호텔에는 연말연시에는 행사가 많아서 바쁘게 돌아가고 있었다.

새로운 신세계에 스며들고 있던 어느 날, 대학 친구 한 명이 독일로 유학 간다고 했다. 매우 부러웠지만, 나는 경제적으로 어려워 갈 수가 없었다. 다른 친구들은 중매든 연애든 한 사람씩 결혼 소식도 전해왔다. 직장생활을 하며 어렵게 학교에 다녔던 나는 결혼에는 관심도 없었다. '경제적으로 안정을 찾고, 나도 돈을 모아서 언젠가는 미국으로 유학 가야지!'라는 생각뿐이었다. 그래서 열심히 일하며 돈을 모으고 있었다.

산격동 자췻집에서 버스를 타고 20분 정도 가면 직장이 있었다. 아침마다 붐비는 버스 안에서 매일 마주치는 한 사람이 있었다. 나는 아양교에서 내리면, 바로 앞에 사무실이 있어서 쏙 들어가면 되었다. 그 사람도 아양교에서 내렸는데, 건널목을 건너 회사 통근버스를 또 타고 출근을 하는 모양이었다. 나중에 알고 보니 그러했다.

그렇게 1년 정도가 지났다. 설 명절이 다가왔고, 나는 설 연휴를 보내고 출근하기 위해 버스를 탔다. 역시나 그 사람도 탔고, 같은 장소에서 내렸다. 나는 사무실 쪽으로 걸어가고 있었는데, 그 사람이 "설 명절 잘 보내고 왔어요?"라고 누군가에게 얘기하고 있었다. 그런데 같은 질문이 다시 한번 내 귀에 들렸다. 나는 뒤를 돌아보았고, 그 사람이 나에게 하는 말이었다.

"저에게 말씀하신 거예요?"

라고 물었다. 그러자 그 사람 왈

"여기 아가씨 말고 누가 있나요?"

라고 했다. 차 안에서 얼굴만 보았고, 대화 한 번도 나누지 못한 전혀 모르는 사람이라서 당황스러웠다. 그리고 이어

"언제 시간 나면 차 한잔합시다."

라고 한다. '이런 것이 길거리 데이트 신청인가?'라고 생각하면서 나는 정중하게 거절했다. 며칠 후 그 사람은 또 데이트 신청을 했다. 두 번째도 거절했다. 세 번째는 '나의 입장을 분명히 이야기하기 위해 한번 만나야겠다.'라고 생각했다. 퇴근 후 집 근처에 있는 '들샘' 레스토랑에서 만났다. 나는 이곳에서 나의 입장을 확실하게 해 두었다. 즉 나는 결혼계획이 없고, 돈을 모아서 유학 갈 예정이니 결혼 상대를 만나려거든 다른 사람을 만나는 것이 좋겠다고. 그 사람은 유학 갈 때까지만 친구로 만나는 것은 어떠냐고 했다. 나는 잠시 시간을 달라고 했다. 사실 나는 지금 연애나 할 상황이 아니었기에 고민이 되었다. 공부도 해야 했고, 돈을 더 알뜰하게 모아 유학 갈 준비를 해야 했기 때문이다.

나는 버스에서 마주치는 것이 부담스러워 평소 타는 버스 시간보다 일찍 버스를 타고 갔다. 며칠을 그렇게 하자, 그 사람은 퇴근길에 집 앞 버스정류장에서 기다리고 있었다. 다시 차 한잔했고, 친구로 만나다가 유학 가면 되지

않겠느냐고 해서 그러기로 했다. 그 후 아침이면 집 근처 초등학교 운동장에서 아침운동을 같이했다. 퇴근 후 저녁에도 자주 만나서 운동했다. 갑자기 거의 매일 만나서 운동하고 차를 마시다 보니, 빠르게 가까워졌다.

6개월 정도 지난 어느 날, 퇴근길에 만났다. 같이 갈 곳이 있다면서 나를 어디론가 데리고 가고 있었다. 처음 가보는 골목길이어서 어디냐고 묻자, 그냥 가면 된다고 했다. 어떤 집 앞에서 초인종을 누르고 있었다. 여기가 어디냐고 물었다. 누나의 집이라고 했다. 나는 돌아서서 간다고 했다. 누나가 밥상 차려놓고 기다린다고 하면서 잠시만 들어가자고 했다. 미리 상의도 없이 불쑥 이런 행동이 불쾌했다. '이왕 여기까지 왔으니 나는 잠시 들러 인사만 하고 나오면 되겠지.'라고 생각하고 따라 들어갔다. 밥상이 준비되어 있었고, 나만 모르게 짜고 치는 고스톱임을 그제야 알았다. 밥이 넘어갈 리 없다. 빨리 자리를 피하고 싶었다.

식사를 마치고 인사를 하고 나왔다. 나는 화가 많이 났다. '이젠 헤어져야 할 때가 되었다.'라고 생각했다. 이별을 통보했다. 그는 미안하다고 했고, 다시는 이런 일이 없을 것이라고 했다. 나는 시간이 필요했다. 그러자 이번엔 누나가 어떻게 알았는지, 나의 사무실로 전화가 왔다. 불편한 시간이 그렇게 지나고 있었다. 그리고 만나는 것보다 헤어지는 것이 더 어려웠다.

나는 좋은 추억으로 남기고 싶었는데, 나만의 생각이 되어가고 있었다. 그 사람 가족 모두 나를 결혼할 여자로 생각하고 있었던 모양이었다. 하루는 여동생 둘이서 아침 출근길 버스정류장에서 나를 보기 위해 기다리고 있었다. 오빠의 여자친구가 어떻게 생겼는지 보고 싶었다고 한다. 지금의 시동생은 경북대학교에 다니고 있었는데 어느 날 갑자기 자췻집으로 전화가 왔다. 학교 근처 레스토랑에 친구들 세 명과 있는데 돈가스를 사 달라고 했다. 집에서 멀지 않은 거리였다. 나는 고민하다가 레스토랑으로 갔다. 미래의 형수님이라고 친구들에게 나를 소개하였다. 일이 이렇게 되어가고 있는 것에 나는 어찌할 바를 몰랐다. 주변에 친구들도 다 결혼했고, 나만 노처녀 같기도 하고. 그래서 친한 친구에게 이 상황을 의논했다.

"너 좋다는 사람이면 됐지, 설마 밥 굶기겠나?"

라는 친구의 말에, 나는 강한 부정을 못 했다. 이렇게 안일한 생각이 나의 꿈인 유학을 포기하게 했다. 사람은 착한 사람이라는 것 외에 아무것도 몰랐다. 그렇게 서서히 진행되어가는 모든 일이 남의 일처럼 느껴졌다. '결혼은 해도 후회, 안 해도 후회'라고 주변에서 이야기했다.

그렇게 시작된 준비되지 않은 결혼생활은 나를 너무 슬프게 했다. 결혼은 환상이 아니라 너무나 선명한 현실이었다. 방 한 칸을 얻어줄 형편이 안 된다는 사실을 나는 뒤늦게서야 알게 되었다. 세상을 몰라도 너무 모르는 바보 같았다. 내가 한심하기 짝이 없었다. 하지만 내가 선택한 인생이니 어찌할 방법이 없었다. 열심히 일해서 일어서는 수밖에. 어제와 같은 오늘이건만, 갑자기 무거운 짐을 지고 다른 행성으로 낑낑대며 기어들어 가는 것 같은 느낌이었다. 그는 5남매 맏아들이었다. 맏며느리라는 커다란 딱지가 붙어버렸다.

고향에 계신 부모님께는 사실대로 말씀드릴 수 없었다. 집도 있고 부자라고 거짓말했다. 둘의 결혼준비금으로 단칸방을 구했다. 1989년 12월 10일, 소박한 결혼식을 했다. 빨리 돈을 벌어서 방 한 칸 자리를 벗어나고 싶었다.

2년 후에 아이를 가지기로 했는데, 맏머리 아이가 뱃속에서 꿈틀거리고 있다는 것을 임신 4주 즈음에 알게 되었다. 결혼하면 직장을 그만두어야 하는 호텔 규정이 있었다. 나는 비서실과 영업부 일을 맡고 있었는데, 일을 더 할 수 있게 해달라고 회장님께 부탁을 드렸다. 회장님은 흔쾌히 허락해 주셨다. 임신 8개월까지 일했고, 소중한 첫 아이를 1990년 10월 20일에 출산했다.

부모가 되었다는 것은 또 다른 삶의 용기를 무한히 얻는 것이었다. 그래서 더 억척스럽게 일했다. 나의 선택에 후회하지 않기 위해서, 그리고 나의 보물 1호 아이를 당당하게 키우기 위해서이다. 삶은 B와 D의 사이 C이다. 즉, Birth와 Dead의 사이 Choice이다. 그 선택이 옳을 수도 있고, 잘못된 선택이 될 수도 있다. 하지만 나는 나의 선택에 책임은 져야 한다고 생각하여 매 순간 최선을 다하며 살았다. 앞으로도 많은 선택을 하면서 살아가야 한다. 그런데 잘못된 선택을 되돌릴 수 없는 상황이라면, 인생 공부를 하는 것으로 생각해야 한다. 어려움에 부닥친 상황에서 '인생을 어떻게 풀어나가느냐?'가 현명한 삶을 살아가는 방법이 될 것이다.

　준비도 없이 시작한 결혼이라는 삶은 거친 들판에 황무지 같았다. 앞이 캄
캄하고 걱정만 늘어가고 있었다. 해야 할 일도 많았고 챙겨야 할 것도 많았
다. 책임도 이제 내 몫이 되었다. 맏며느리니까 인사할 곳도 많았다. 시아버
님은 늘 이렇게 말씀하셨다. "너는 이 집안의 맏며느리다."라고. 나는 바위처
럼 무거운 짐을 지고 있는 듯했다. 성숙하지 못한 생각과 결심은 대가를 치르
게 되어 있었다. 그래서 뼈를 깎는 아픔을 겪어야 했고, 그 후로는 조금씩 얻
어지는 한여름의 수박 같은 시원한 맛을 알게 되기도 했다. 어디 결혼생활만
그러하겠는가, 세상 이치가 다 그런 것 아니겠는가!

　필자는 제2의 인생인 결혼을 초라하게 시작했기에 더 잃을 것도 없었다.
'열심히 살고, 시간이 지나면 좋은 결과가 있겠지!'라고 생각했다. 풋과일이
조금씩 익어가듯, 나의 삶도 열심히 살아가는 것만큼 익어가고 있었다. 성숙
해지기 위해 익어갈 시간이 필요했다. 모든 일은 순리가 있다. 순리대로 살아
간다면 안 되는 일이 없다는 것을 알게 되었다. 단, 시간이 걸릴 뿐이다. 우
리는 이것을 기억해야 한다. 세상이 아무리 초고속 시대라 할지라도, 모든 일
이 하루아침에 이루어지는 것은 없다. 햇볕과 비바람과 쫄깃한 기다림이 있
어야 한다. 오늘도 나는 천천히, 조금씩, 맛있게 익어가는 중이다.

07

평범함 속에서
비범하게
살아라

필자는 작은 시골 마을에서 6남매의 맏딸로 태어났다. 초등학교 6학년까지는 마을에 전기도 들어오지 않는 곳이었다. 저녁에는 별들이 쏟아져 밤마다 밤하늘을 예쁘게 수놓았다. 그러나 지상에는 칠흑 같은 어둠에 싸여, 마을에 나가려면 등불을 들고 다녀야 했다. 혼자는 무서워서 늘 동생들과 함께 다녔다. 장날이면 장에 가셨던 아버지를 마중 나갈 때도 등불을 들고 다녔다.

왜 우리 마을에는 전기가 못 들어오는 것일까? 기다리고 기다리던 어느 날, 전봇대가 마을에 세워지면서 공사가 진행되었다. 중학교 입학할 때쯤, 우리 마을에도 전기가 들어온 것이다. 스위치만 누르면 조그마한 전등에서 환한 불빛이 터져 나오는 것이 신기했다. 우리는 신이 나서 환호성을 지르며 밤을 기다리곤 했다. 어두워서 별들이 잘 반짝거렸다는 것을 전기가 들어오고 난 후 알게 되었다.

밤늦게까지 공부하면 할머니는 전기세가 많이 나온다고 일찍 자라고 전깃불을 꺼버리셨다. 중학교는 마을에서 20리를 걸어서 다녀야 했다. 할머니는 아침이면 일어나기 힘들까 봐, 일부러 일찍 자라고 그렇게 하신 것이다. 무거운 책가방을 들고 20리를 걸어 다닌다는 것은 보통 일이 아니었다. 새벽밥을 먹고 학교에 가는 길의 아침이슬은 운동화를 적시고도 남았다.

시골 마을에는 여기저기에 동네가 있었고, 중학교로 가는 길은 하나뿐이었기에 매일 등굣길에 친구들을 만나서 재잘거리며 학교에 갔다. 담임선생님 이야기와 새롭게 만난 같은 반 친구들 이야기가 대부분이다. 어떤 친구는 담임선생님이 남자 선생님인데 미남이라서 좋다고 했다. 사춘기를 맞이한 중학생들은 모든 것이 관심 대상이었다. 선생님을 짝사랑하던 친구도 있었다. 그 친구의 이야기를 듣고 있노라면 재미있어서 시간 가는 줄 몰랐다. 어느 정도의 수다가 끝나면 영어단어장을 꺼내 들고 외우면서 갔다. 따로 공부할 시간이 없어서, 나는 걸어가면서 단어를 외우면 가장 잘 외워졌다. 그래서 단어, 숙어 시험만큼은 늘 상위권이었다. 1년 동안 배울 영어책 속에 있는 단어를 3개월 정도면 다 외웠다. 요즘으로 말하면 선행학습인 셈이다.

나는 20리를 걸어 학교에 다녔기에, 심심해서 영어 단어와 숙어나 외우자고 하여 외운 것이다. 이렇게 선행학습을 하다 보니 자연스레 나는 영어 과목을 좋아하게 되었다. 중학교 영어책에 보면 다이얼로그가 있었는데, 영어로 말하는 것이 신기하고 재미있었다. 선생님이 이것도 암기하라고 했다. 암기하는 것은 늘 자신 있었다. 나중에는 영어책 각 장의 본문 내용도 다 외울 정도였다. 걸어서 학교에 다닌 것은 힘들었으나, 등하교하면서 영어 공부하기에는 최고였다.

중학교에서 얻을 수 있는 검정고시에 합격하고, 고등학교에 가기 위해 고향을 떠나야 했다. 일하면서 공부할 수 있는 야간고등학교에 가기 위해서이다. 어렵게 고등학교를 졸업한 후, 전문대학까지 입학했다.

영어를 좋아해서 관광영어통역학과에 지원했다. '영어를 잘하면 취업도 잘되겠지.'라고 막연하게 생각했다. 졸업 후 다니던 직장을 그만두고 다시 취업이 된 곳은 관광호텔이었다. 배운 영어를 잘 활용하려나 기대했었는데, 영업부에서 근무하게 되었다. 프런트에서는 영어를 사용할 기회가 많았지만, 나는 영업부에서 근무했기 때문에 영어를 사용할 일이 그다지 없었다. 그리고 프런트는 3교대로 돌아가고 있었다. 나는 주간 부서에서 일하고 싶다고 했더니, 영업부로 발령을 내주었다.

지극히 평범한 가정에서 자라고 평범하게 살아가고 있었다. '나의 삶을 조금씩이라도 바꾸어갈 수 있는 것은 무엇일까? 평범하지만 비범하게 살아가는 방법은 어떤 것일까?'에 대해 생각해보았다. 나의 미래가 불확실했다. 그래서 공부를 더 해야겠다고 생각했고, 자녀가 성장할수록 교육비도 많이 필요하다는 것을 알게 되었다. 살아간다는 것이 호락호락하지 않았다.

일하면서 공부의 끈을 놓지 않고, 시간이 나면 나에게 투자하는 것이었다. 나에게 부족한 리더십교육을 토대로 배움의 기회를 늘 찾았다. 생각해보니 학교에서 배운 것과 사회 생활하는 데 필요한 것은 차이가 났다. 나는 나에게 필요한 분야를 찾아 교육받으니 재미도 있었고 또한 교육받은 내용을 활용하기 위해 강사 자격증을 취득하고, 재능기부 강의를 하게 되었다.

카네기 리더십교육, 휴먼 리더십교육, 피플스마트 리더십교육 등이다. 내가 배운 것을 후배들에게 강의할 수 있다는 것만으로도 즐겁고 보람된 일이었다. 후배들 역시 자신이 배운 것을 다른 사람들, 또는 후배들에게 전했다. 세상은 이렇게 아름다운 이야기로 살아가는 사람들이 많다는 것을 알게 되었다. 각자 본인의 일을 하면서 저녁에는 자신과 타인의 발전을 위해 봉사하면서 평범한 사람들이 비범하게 살아가고 있었다. 어두운 밤에는 별빛만 아름다운 줄 알았는데, 큰 선물을 나에게 주신 분들이 많았다. 감사와 존경의 마음이 별빛처럼 쏟아지던 밤이었다.

세상과 환경을 탓하지 않고, '자신이 할 수 있는 것이 무엇인가? 하고 싶은 것이 무엇인가?'를 생각해보고 찾아보면 길은 어디에든 있다. 문제는 할 수 있는 것을 찾지 않는다는 것이다. 시간이 조금 걸리더라도 포기하지 말고 기다리면서 노력하면 안 될 일은 하나도 없다는 것을 알게 되었다.

어느 봄날, 대구 앞산 공원에 갔다. 하얀 벚꽃이 흐드러지게 피어나고 있었다. 케이블카를 타려고 기다리고 있는데 '국가가 너에게 무엇을 해줄 것인가를 생각하지 말고, 네가 나라를 위해 무엇을 할 것인가를 걱정하라.'는 문구를 보았다. 뒤통수를 한 대 얻어맞은 기분이었다. 평범한 내가 나라를 위해 무엇을 할 수 있을까? 총칼을 들고 나가 싸울 수도 없고, 한동안 멍해진 나는 답을 얻어냈다. 바로 나 자신에게 배움을 위해 시간을 투자하고 나의 실력을 키우는 것이라고 말이다. 그래서 나는 천천히 다시 공부를 시작했다. '배워서 남 주나.'라는 말도 있다. 언젠가는 자신에게 도움이 될 것을 알기에 이런 말이 있는 것이다.

나라를 위해 할 일은 전방에서만 있는 것은 아니다. 나 자신을 위해서 열심히 배우고, 가족을 위해 열심히 일하며, 자신이 할 수 있는 일을 찾아 봉사활동도 하는 것이다. 주변의 모든 사람에게 선한 영향력을 끼치는 것도 사회를 따뜻하게 하고, 나라를 위한 일이 아니겠는가! 각자 우리는 자기 위치에서 열심히 살아가는 것이다. 평범하지만 이것이 비범하게 살아가는 그것으로 생각한다. '남이 나를 알아주지 않더라도 내가 남을 알아주면 된다.'라고 생각하면서, 나는 나만의 방식으로 내가 할 수 있는 것을 이루어가며 열심히 살아가고 있다.

대학을 졸업하고 취업하면, 그 뒤로는 더는 배울 것이 없는 것처럼 살아가는 사람도 있고, 배우고 싶으나 시간이나 경제적으로 형편이 안 되어 포기하는 사람도 있다. 하지만 태어나서 한 번뿐인 것이 인생이다. 자신이 그토록 원하는 삶은 무엇인지, 자문하고 답을 얻어 그렇게 살아갈 수 있으면 얼마나 행복하겠는가. 간절함이 있으면 노력하게 되고, 노력하면 반드시 해답은 있다고 자신을 믿길 바란다. 필자 역시 아무리 어렵고 힘들어도 꼭 될 것이라고 믿고 시작한 결과, 작은 꿈들을 하나씩 이루어지게 하였다. 그 무엇보다 자신부터 믿어야 한다는 것을 기억하길 바란다. 조그마한 시골 마을에서 태어나 멀리 대구까지 왔다. 남들처럼 그저 평범한 삶을 살아보려고 애를 쓰며 살다 보니, 그 평범함이 감사하게도 나를 일깨워주었다. 나에게 기회를 주었고 기회를 꽉 잡으니, 신선한 비범함이 되었다.

'성공은 크게 이루어야 한다.'라는 법은 없다. 작은 것을 자주 이루다 보면, 큰 성공이 되어 돌아온다. 행복 역시 크기가 아니라 빈도라고 했다. 내가 행복하면 삶의 격이 달라진다. 주변을 돌아보게 된다. 모든 일에 긍정적이고, 적극적으로 변해가는 것이다. 생각이 곧 행동으로 이어지게 되는 것이다. 생각만 하는 것은 누구나 할 수 있으나, 행동으로 옮기는 사람은 이미 출발부터 다르다. 시도하지 않으면 아무것도 얻을 수 없다. 평범한 사람과 비범한 사람의 차이다.

2장

세상이
아름다운 건
열심히
살아간다는
증거다

빨간 프라이드는
어디에
있을까?

보험 일을 시작한 지 10년 동안 대중교통을 이용했다. 처음 일을 시작할 때는 운전면허증도 없었고, 차를 살 형편도 안 되었다. 보험 일을 언제까지 할지도 모르는데, 운전면허증을 취득하여 차까지 사서 일해야 할 필요성도 느끼지 못했다. 다행히도 2년 8개월 만에 교육 지도장으로 발탁되어 내근으로 일했다. 그러다 보니 굳이 차가 없어도 대중교통을 이용하면 충분했다. 지하철을 이용하기도 했고, 임신했을 때는 계단을 내려가고 올라가는 것이 힘들어서 좌석버스를 이용했다. 필드 지도장을 할 때는 차가 필요했지만, 좀 더 기다렸다. 그러나 나는 차 없는 것이 괜찮았지만, 사원들은 불편해했다. 동행할 때 사원을 태워서 가야 하는데, 내가 사원 차를 얻어 타고 가기도 했다. 괜히 미안한 마음도 들었고 자존심도 상했다. "지도장이 차가 없어도 되겠냐?"라는 말이 들리기도 했다. 이제는 나를 위해서가 아니라 타인을 위해서라도 차를 사야 했다. 운전면허증부터 취득해야겠다고 결심했다.

　운전면허시험에 등록하고 책을 사서 공부하기 시작했다. 필기시험과 실기시험을 한 번에 합격하고 운전면허증을 취득했다. 도로 연수까지 마치고 나니 자신감이 생겼다. '쇠뿔도 단김에 빼라.'고 나는 중고 자동차를 샀다. 남들은 처음부터 새 차를 사라고 했지만, 나는 중고차부터 운전하여 익숙해지면 새 차를 사려고 계획했다. 새 차를 구입하여 실수라도 하여 긁히면 얼마나 가슴이 쓰리겠는가. 나는 초보운전이기에 긁혀도 아깝지 않을 중고차가 좋았다. 아담하고 예쁜 빨간색 프라이드 자동차이다. 나에게 잘 어울렸고, 작지만 야무진 차였다. 세상 어디라도 갈 수 있을 것 같았다. 너무나 편하고 좋았다. '모두 이래서 차부터 사는구나.'를 실감하게 되었다. 그동안 걸어서 공단에 다녔던 나에게 '고생했어.'라고 위로해 주었다. '이렇게 편하고, 시간도 아낄 수 있는걸.' 나는 혼자 웃음으로 대신했다. 그동안 잘 견디어 온 것과 이제는 편하게 일할 수 있다는 행복감으로 미소를 띠고 있었다. 내가 가지고 싶다고 모든 걸 가질 수는 없다. 나의 경제력이 되어야 하고, 꼭 필요한지도 생각해보아야 한다. 호사스럽지 않은, 내 형편에 맞는 친구이자 동반자인 빨간 프라이드 자동차와 나는 참 좋은 만남이었다.

　빨간 프라이드는 매주 화요일마다 경주로 신나게 달렸다. 두 손에 판촉물을 가득 담아서 들고 다니던 종이가방 대신에, 차 트렁크에는 판촉물이 가득 차 있고, 필요한 만큼 꺼내 사용할 수 있어서 좋았다. 조금은 의기양양하게 트렁크를 열고 판촉물을 꺼낼 때면 기분이 좋았다. 판촉물이 부족하면 언제든지 차에서 더 가져와 사용할 수 있다는 점이 신났다. 차가 없던 때, 종이가방에 넣어가면 그것이 하루 사용할 판촉물이었고, 부족해도 어쩔 수 없었다. 그러나 이제 자동차가 생겼으니 판촉물도 넉넉하게 채우고, 일하기 위해 출발하면 부러운 것이 없었다. 차로 이동하니 일의 양도 늘었다. 판촉물을 잘 활용하면 사람을 만나는 데 빨리 친해질 수 있다. 누군가에게 작은 것이지만, 줄 수 있어서 행복했다. 처음 만나서 보험 이야기를 한다는 것이 쉽지 않은데, 만나는 상대에 따라 필요한 판촉물을 골고루 챙겨 간다. 직장인을 만나 사탕이나 과자를 드리면 모두 즐거워했다. 미혼여성과 주부들을 만날 때는 가정에서 필요한 행주나 장갑 등의 물품을 준비한다. 작은 것에도 감사할 줄 아는 사람들이었다. 나는 돈을 주고 판촉물을 구매하지만, 받는 분은 대부분 공짜인 줄 안다.

회사마다 면회하러 오는 사람을 위해 만들어 놓은 작은 공간이 있다. 나는 그곳을 이용했다. 처음엔 보험에 관심이 없어도 판촉물에 관심 있어 오시는 사람도 있다. 점심을 먹고 사원들은 이 공간으로 왔다 간다. 나는 짧은 시간에 그곳에서 사람들을 만나곤 했다. 시간이 짧다 보니, 상품설명까지는 못 하고, 상품 안내장을 드린다. 그렇게 몇 번 만나다 보면 집에 가서 아내와 상의한 후에 고객이 되기도 한다. 열심히 발품을 팔다 보면 그 결과는 언젠가는 돌아온다. 얼굴 익히는 데 3개월이 지나고, 상품 안내하는 데 3개월이 지나고 나면, 한 사람씩 보험에 관심을 가지고 가입하게 된다. 한 사람이 시작하면 다른 사람도 와서 나도 같은 것으로 해달라고 하기도 한다, 가입자가 한두 명씩 늘어가고 있었다. 직장에서 영업활동의 장점이다.

　운이 좋으면 갈 때마다 한두 명씩 계약하기도 한다. 시간이 걸려 몇 개월 만에 결과가 나오기도 하지만, 이때의 기분은 무엇과 비교할 수 없을 정도로 최고다. '먼 길 달려온 보람이 이런 것이구나, 영업이라는 직업이 얼마나 신성한 일이고 가치 있는 일'이라는 것을 새삼 느끼게 되며, 일을 마치고 돌아올 때면 빨간 프라이드 자동차 안에서 나는 두 팔을 벌려 신나게 춤을 추었다. 그리고 새로운 꿈의 날개를 하나 더 펼쳐 나간다. 자동차에서 때로 나만의 공간이 되어 휴식할 수 있고, 고객을 기다리면서 음악도 들으며, 피곤할 때는 잠시 눈을 붙이기도 한다. 차를 사면 이렇게 편리하다는 걸 알고 있었지만, 직접 경험해보니 알고 있는 것보다 더 많은 것을 얻게 되었다.

　나는 차 사는 것을 서두르지 않았다. 건강하고 젊으니까 걸어 다니는 것도 해볼 만했다. 아마도 중학교에 다닐 때 20리 길을 걸어 다닌 덕에, 그다지 어렵지는 않았다. 내 인생이 계획한 대로 이렇게 천천히 진행되고 있었다.

　개척 활동을 하면 처음부터 반겨주는 곳은 없다. 지나가다가 괜찮아 보이는 회사가 있으면 경비실에 가서 판촉물 드리고 질문하여 회사에 대해 알아본다. 점심시간이 몇 시부터인지, 직원은 몇 명인지, 타 보험회사에서 방문하는지 등, 타 보험회사에서 방문이 없으면 다음부터 무작정 찾아갔다. 경비 아저씨와 친해지면 점심시간에만 일할 기회도 얻어내곤 했다. 하지만 요즘은 꿈같은 이야기이다. 경비실 입구마다 '외부인 출입 금지'라고 여기저기에 크게 붙어 있다. 그리고 자동화 시스템으로 되어 있어 들어갈 수 있는 곳이 없다. 갈수록 사람 만나는 것이 어려워지고 있다. 사람을 만나야 하는 직업으로서는 큰 고민거리이다.

직장에서 만난 사람 중 대부분은 보험 가입 결정권이 배우자에게 있었다. 결정권이 없는 남편들은 아내를 소개해주었고, 집으로 가서 상담하게 했다. 아내들은 남편의 소개를 믿고 만족하여 부부 계약이 체결되었다. 한 가정의 경제를 설계해주는 일이 얼마나 가치 있고, 의미 있는지를 다시 알게 되었다. 대부분 아빠는 가족을 얼마나 사랑하고 아끼는지를 보험 가입으로 증명했다. 가족을 위해 준비를 해주는 멋진 사람들을 만날 수 있어 감사했다. 본인을 위한 것이기도 하지만, 대부분은 본인 유고 시 가족을 위해 보험을 준비했다. 가장의 어깨가 무겁다는 것을 느끼게 하는 부분이다. 작업복을 입고 가족을 위해 구슬땀을 흘리며 열심히 일하면서도, 만약을 대비해 사랑을 실천하는 아빠들을 볼 때면, 나도 마음이 뭉클해질 때가 많다. 아빠들의 숭고함에서 보험 가입에 대한 책임감을 느끼고, 보험에 대해 더 소중하게 여겨졌다.

나는 다시 태어나도 이 소중한 일을 선택할 것이다. 2000년도부터 시작된 경주의 개척 활동은 여행하는 것처럼, 놀이터처럼 달려가는 곳이었다. 세월이 빠르게 가기도 하지만, 22년 동안 경주에 매주 간다는 것은 내가 생각해도 신기한 일이다. 빨간 프라이드는 늘 나의 꿈을 싣고 달리고 있었다. 나는 새 차보다 지금도 중고차를 더 좋아한다. 일하기 위해서 차가 필요한 것이지,

폼내려고 차를 산 건 아니기 때문이다. 나만의 공간, 차 안에서 얼마나 많은 꿈을 꾸었던가. 내가 좋아하는 음악, 깊고 푸른 도나우강의 음악을 들으면서 나는, 빨간 프라이드에서 왈츠를 추는 상상을 하면서 신나게 달리곤 했다. 늘 춤을 추듯 신나게 살아갔다. 세상은 즐기는 자를 이기지 못한다고 했다. 나는 일을 즐기고 있었다. 모든 것을 나와 함께 했던 좋은 친구인 프라이드 자동차는 나의 멋진 인생의 동반자였다.

친구도 고향 친구가 가장 애틋한 것처럼, 나는 아직도 빨간 차만 보면, 그때 그 프라이드가 보고 싶어진다. 아직도 거리를 달리고 있는지 유심히 살펴보는 버릇도 생겼다. 사람도 만났다 헤어지면 보고 싶어지듯, 정이 많이 들었다. 대화할 수는 없지만, 그 차는 나의 진심을 다 알고 있으리라. 내 옆에서 가장 많이 나를 지켜보았으니까. 내 생각과 나의 마음을 날마다 다 읽었을 테니까. 사람이었다면 만나서 커피라도 한잔할 텐데……. 사람에게만 만남과 이별이 있는 것이 아니었다.

누군가 말했다. 여자는 추억을 먹고 산다고. 그 차와 만난 지 22년이 지나가고 있건만, 추억이 새록새록 일어난다. 가끔 시간을 거슬러 가다 보면, 지나간 일상들이 주마등처럼 스치고 거울 앞에 서 있는 나를 놀라게 한다. 어제처럼 느껴지던 일들이 얼마나 많은 시간의 언덕을 넘어왔는지, 열심히 숨 가쁘게 달려왔는지, 어느새 나도 빨간 중고차처럼 되어 있는 것이 아닌가! 누군가에게 필요하고 아늑한 그런 중고차라면 참 멋질 것 같다. 녹슬지 않고 어디라도 달려갈 수 있는 빨간 프라이드처럼 나도 날마다 아침이면 시동을 켠다. 아직도 당당하게 출근한다. 나이를 먹으면 아침에 출근할 곳이 없어 바쁠 일이 없다고 한다. 그러나 나는 아침마다 여전히 바쁘다. 아침이면 가끔 아침 운동도 하고, 출근하는 남편 도시락도 챙겨주며, 나도 출근 준비를 하노라면 정신없이 바쁘다. 엘리베이터에서 주부들을 만나면 '출근하는 사람은 좋겠다.'라고 한다. 그분도 한때는 나처럼 바쁜 일상이었으리라. 나는 아직도 일할 수 있음에 감사하다. 건강하게 일하고 봉사하며, 여전히 평범한 하루가 이토록 행복할 줄이야. 예전엔 미처 모르고 살았다.

시간이 가도 나이가 들어도 마음은 늘 순수한 하얀 아카시아꽃처럼 살고 싶다. 은은한 향기가 바람에 퍼지듯 나도 타인이라는 바람에 의해 은은하게 번져나가는 사람이 되고 싶다. 빨간 프라이드 자동차가 그리워지는 것처럼.

'나는 너에게, 너는 나에게 그 무엇으로 기억되고 있는가!'

02

열정의 씨앗은
아직도
싹트고 있다

내가 태어나서 중학교 때까지 부모님 품 안에서 살았던 고향인 고흥을 떠나 고등학교 때부터 대구에 와서 뿌리를 내리고 살다 보니, 이제는 대구가 제2의 고향처럼 느껴진다. 대구에서 야간고등학교에 다니면서 직장생활을 했다. 그리고 인생의 동반자를 만나 결혼하여 자녀를 낳고 살아가고 있다. 가진 것 없이 시작한 결혼생활은 나를 억척스럽게 만들었다.

천년의 도시 경주는 수학여행 코스로 빼놓을 수 없다. 그러나 나에게는 수학여행으로도 가본 적이 없는 곳이다. 어느 날, 한 사람의 소개로 가게 된 경주에 올해로 22년째 매주 가고 있다. 작은 것부터 하나씩 이루어가기 위해 경주로 나는 매주 달려가고 있었다. 인생이란 길을 가면서 많은 만남이 있다.

그중 한 사람의 인연으로 시작된 경주행 이야기를 지금부터 하고 싶다. 22년 간의 이야기를 어떻게 다 말할 수 있을까마는 내 삶의 소중한 시간이기에 빠뜨릴 수 없다.

2000년 1월, 공부를 더 하고 싶어서 삼성생명을 그만두고 외국계 보험회사 메트라이프로 이직했다. 입사 전 면접을 보는데 매우 까다로웠다. 복장은 전문성을 갖추기 위해 반드시 검은색과 감색 정장만 입어야 했다. 머리도 길면 안 되었다. 단발이나 커트만 허용했다. 물론 파마도 가능했다. 나는 여태 국내의 최고 회사인 삼성에 대해 큰 자부심을 느끼고 일했는데, 외국계 보험사는 또 다른 신선한 충격이었다. 검은색 또는 감색 정장을 매일 교복처럼 입고 출근해야 했다.

종신보험이라는 상품이 외국 보험사로부터 도입이 되어 판매되기 시작했다. 그동안 판매된 우리나라의 보험상품은 미약했다. 종신보험이 보험사의 패러다임을 바꾸어가고 있었다. 나는 그 패러다임을 좇아갔다. 보험회사의 주역인 '아줌마 부대'에서 4년제 대학을 졸업한 젊은 청년들이 외국 보험사로 입사해 종신보험을 판매하기 시작했다. 외국계 보험상품이 서서히 선풍을 일으킬 것 같았다. 메트라이프로 간 이유도 그 때문이었다. 나는 그 외국계 종신보험을 들고 경주로 갔다. 그 당시 경주에는 외국계 보험사 직원이 거의 가지 않았다. 나는 이 기회의 땅에서 열심히 하여 무언가를 만들어 가고 싶었다. 인생은 타이밍이라고 했던가. 마침 새로운 종신보험에 대해 궁금해하던 젊은 직장인들에게 홍보할 수 있는 좋은 기회를 얻었고, 사람들은 매우 긍정적이었다.

영업을 다시 하게 되어 막막했었는데 지인으로부터 소개받았다. 경주에 사는 지인의 동생 전화번호를 받은 것이다. 양 대리님이라고 했다. 지인은 내가 맨 처음 신입사원 시절에 소방서를 개척하였을 때, 소방서 신입사원이었다. 인품이 참 좋으신 분이었고, 그때부터의 인연이 시작되어 벌써 10년이 되었다.

전화하고 약속을 잡아 무작정 달려갔다. 형님의 소개를 받고 왔다고 하자, 양 대리님은 반갑게 맞이해주셨다. 인정이 묻어나는 순한 이미지가 인상적이었다. 멀리 경주까지 왔는데 식사를 대접한다며 맛있는 점심을 사주셨다. 감사와 감동이 마음을 따뜻하게 해주었고, 매주 경주로 와야겠다고 결심하게 되었다. 그다음 주부터 매주 화요일, 나는 경주로 달려갔다. 내가 갈 때마다 양 대리님은 회사 동료를 소개해주었다. 소개해주신 분을 찾아가면 모두 친절하고 반갑게 맞이해주셨다. 회사 동료들에게 양 대리님의 신뢰가 컸다는 이야기이다. 그리고 FC가 보험회사에 다닌 지 오래되었다는 이유로 나를 신뢰해주었다. 상품에 대해서는 양 대리님이 이미 반 정도는 인지시켜 놓은 덕분에, 내가 재차 설명하니 계약은 거의 성사되었다. 종신보험의 바람이 불고 있었다.

고객들을 만나면서 한 가지 알게 된 사실이 있다. 고객들의 불만은 계약하고 1년도 안 되어 그만두는 보험영업 사원이 많다는 것이다. 나는 이런 이야기를 가슴에 새기고 잘하는 것보다 오래 하는 것이 최선이라는 것을 알게 되었다. 그래서 오랫동안 일하는 것이 고객을 위한 최선의 길이라고 생각했다. 지금은 20년 납입이 끝난 고객도 많다. 세월이 유수와 같다는 말이 실감이 난다. 나도 이렇게까지 오랫동안 경주에 가리라 생각을 못 했다. 좋은 인연 덕분에 많은 사람을 만나니 얼마나 부자인가. 선하고 열심히 살아가는 사람들 모습만 봐도 에너지가 생긴다. 그렇게 달려온 세월이 벌써 22년이 되어간다. 두 살 때 만난 어린아이가 24세가 되어, 대학생이 되어 있고 군인이 되어 있다. 모두 우리 아이처럼 느껴지고 대견하고 잘 커 주어 고맙다.

세상의 이치는 같다. 진심으로 대하면 언젠가는 통한다는 것을 알게 되었다. 고객에게 시간이 필요하면 기다려주었다. 나를 신뢰할 수 있을 때까지.

설익은 감은 맛도 없을뿐더러 입맛까지 버린다. 나는 어릴 때 땡감을 주워서 소금물에 어느 정도 담가두면 떫은맛이 다 빠지고 달콤한 맛이 나온다. 시골에서 먹을 것이 없던 시절, 동네에 감나무가 있는 집에 가서 떨어진 땡감을 주워 우려서 먹었던 기억이 난다. 태풍이 오면 감이 우두둑 떨어진다. 그래서 나는 바람이 많이 부는 태풍이 오기를 기다린 적도 있다. 감을 주워 항아리에 넣고 빨리 먹고 싶은 마음에 항아리 뚜껑을 얼마나 자주 열어 보았던가. 다 우려진 감을 동생들과 나누어 먹을 때의 행복감은 그 무엇으로도 비교할 수 없었다. 기다림의 달콤함을 그때 배웠을까? 나는 늘 기다림에 익숙해져 있다. 고객에게도 늘 천천히 생각해보기를 권한다. 오랫동안 납입해야 하는 보험을 급하게 서둘러 가입하면 안 되기 때문이다. 삶도 천천히 쉬어가라고 말하고 싶다. 바쁘게만 살아간다면 소중한 순간들을 놓치는 경우가 많기 때문이다.

수없이 많은 계절이 바뀌고, 해가 바뀌어도 경주에는 매주 갔다. 처음엔 고속도로를 타고 다녔다. 어느 날 영천 나들목 근처에서 큰 교통사고를 목격한 후부터는 그곳을 지나갈 수가 없었다. 지금은 편안하게 국도를 이용하며, 계절이 오가는 것을 구석구석 느끼고 있다. '나뭇가지에 파릇파릇하게 올라오는 새싹이 보이면, 또 봄이 오고 있구나! 잎이 무성해지면 여름이네! 저 멀리 보이는 잎들이 울긋불긋해지면 벌써 가을인가? 예쁜 단풍이 다 져버리고 앙상한 가지 사이로 햇살이 비추면 아! 겨울이구나!'를 얼마나 많이 혼잣말로 했던가!

이제는 경주 지리는 손바닥 보듯 훤히 알고 있다. 고향인 고흥은 자주 갈 수 없지만, 경주는 매주 간 덕분이다. 경주에 가면 고향 가는 기분이고 친정에 가는 느낌이다. 사람은 자주 보면 정이 들고 정이라는 묘한 매력에 끌린다. 크게 볼일이 없어도 안가면 허전해지고 습관처럼 가게 된다. 아담하고 깨끗한 한옥이 늘 나를 설레게 한다. 언젠가는 경주에서 살까도 생각해보았다. 흐르는 물처럼 흘러 흘러 여기까지 왔으니, 이곳에서 정착해 살아가도 되지 않겠는가! 경주는 나에게 의미 있는 특별한 도시이다. 모든 것을 품어주는 어머니 품속 같은 도시이다. 내 진심을 다 보여준 첫사랑 같은 아름다운 도시이다. 세월이 흘러가도 '경주'라는 단어만 나오면 진하게 우려진 대추차 같은 따끈함과 달콤한 맛이 느껴진다. 매주 화요일, 나는 오늘도 아침 미팅을 마치고 자동차 시동을 걸고 경주로 달려간다.

경주에 일 때문에 가기도 하지만, 좋은 인연을 놓을 수 없다. 고객이 아니라도 들러서 차 한잔하고, 언니처럼 동생처럼 삶의 이야기를 나누면서 위로하고 보듬어 주기도 한다. 그동안의 세월 덕분인지 얼굴만 봐도 기분이 어떤지, 걱정거리가 있는지 알 수 있다. 자식 때문에 걱정이 많은 사람, 남편 때문에 못 살겠다는 사람, 이혼할까 고민하는 사람 등, 사람 살아가는 것은 비슷하다. 말을 하고 안 하고 차이이지, 고민과 갈등은 누구에게나 있다. 이제는 고향 사람처럼 편하고 따뜻함을 느낀다. 식사하고 있을 때 방문해도, 숟가락을 내주면서 한술 뜨고 가라고 한다. 염치없지만, 함께 식사를 맛있게 한다.

이렇게 아름다운 도시에는 아름다운 마음을 가지고 살아가는 사람이 많다. 나는 늘 '행운아'라고 생각하며 이 은혜를 어떻게 보답해야 할지 고민하고 있다. 때로는 식어가는 나의 열정을 이분들이 다시 싹 트이게 하기도 한다. 경주에 가는 한, 이분들은 나의 열정이 계속 불타오르게 할 것이다. 그 열정은 건천으로 이어지고 영천으로 이어져 갔다. 나의 일상이 되어 버린 경주행 일정이 있어 더 아름다운 시간이 되어간다는 것을 나는 알고 있다.

혼자서 할 수 없는 일, 혼자서 살아갈 수 없는 세상, 다 같이 아름다운 세상을 꿈꾸며 살아가는 이유이기도 하다. '당신이 있어 감사합니다.'를 나지막하게 외쳐본다. 집으로 돌아오는 길에 바라본 하늘은 붉게 노을이 물들어가고 있었다. 나의 황혼도 붉은 노을빛으로 남기고 싶다.

03

어머님 아버님,
함께
살아요

보험영업은 끝도 없이 일이 많다. 그러나 나는 퇴근 시간이 되면, 일을 중단하고 무조건 시어머니 집으로 달려갔다. 태어난 지 1년도 안 된 아이를 어머니께 맡겼기 때문이다. 난 그 아이를 업고 집으로 돌아왔다. 온종일 떨어져 있었으니, 아이가 엄마를 얼마나 찾았을까? 난 지금부터라도 아이에게 사랑을 듬뿍 주어야겠다고 생각했다. 피곤하지만 아이를 보는 그 순간이면 모든 피곤함이 사르르 녹아내리고, 마음은 이미 부자가 되어 행복했다. 넉넉한 살림은 아니지만, 아이를 생각하면 그 어떤 일도 해낼 수 있을 것 같았다. 아이를 업고 집으로 오는 길이면 늘 친정어머니가 생각났다. 나는 아이 한 명 키우는데도 이렇게 힘든데, 친정어머니는 6남매를 어떻게 다 키우셨을까? 첫딸인 나를 낳으시고 우리 어머니도 이런 마음이셨을까. 고등학교를 못 보내준다고 했을 때, 나는 "자식 공부도 못 시킬 거면, 왜 이렇게 많이 낳았느냐고요?"라고 말하며 울었었다. 이제 내가 부모가 되어보니 어머니 가슴에 큰 대못을 박았었다는 사실에 너무 죄송하여 많이도 울었다. 안부 전화를 드리려고 전화기를 들면, 눈물부터 나와 말을 할 수 없었다. 아이를 낳고 철이 들고 보니 터져 나오는 눈물을 막을 길이 없었다. 이제부터라도 잘해 드려야겠다고 다짐하고 또 다짐했었다.

시댁과 우리 집은 걸어서 20분 정도 거리에 있었다. 아이가 학교 들어가기 전에, 돈을 빨리 모아서 조금 넓은 집으로 이사 가고 싶었다. 아이 교육에 부족함이 없기를 바라는 마음에서이다. 일을 시작한 지 얼마 되지 않았지만, 누구나 그렇듯 이렇게 작은 소망을 품고 살아가고 있었다.

그러던 어느 날, 퇴근하고 시댁 앞에 도착했는데 싸우는 소리가 들렸다. 시아버님의 쩌렁쩌렁한 목소리였다. 나는 차마 들어가지 못하고 밖에서 싸움이 그치기를 기다렸다. 본의 아니게 싸움 내용을 듣게 되었다. 다름 아닌 전기요금 때문이었다. 고작 전기요금 몇 푼 때문에 아버님이 싸우고 계신 모습에 마음이 너무 아팠다. 누구의 잘못을 떠나서 작은 것으로 아버님의 자존심을 상하게 한 것이 나 또한 기분이 좋지 않았다. 아버님 말씀은 주인집에서 금액을 잘못 배분했다는 것이다. 전세 사는 사람이 시댁을 포함하여 두 가구가 있었는데, 아버님 집에 요금이 많이 배분되었다는 것이다. 나는 동네 한 바퀴 돌고 와, 집 안이 잠잠해졌을 때 시댁 안으로 들어갔다.

나는 아이를 업고 집으로 돌아오는 길에 마음이 복잡했다. 연세가 많으신 어른이 젊은 사람(주인)과 전기세로 언쟁을 하고 계시는 모습에 속이 너무 상했다. 집 없는 것도 서러운데, 전기세를 부당하게 더 많이 내라고 했을 때의 아버님 마음은 어떠했을지 짐작이 가고도 남았다. 나는 얼른 돈을 모아서, 최우선으로 집을 준비해서 같이 살아야겠다고 결심했다.

'5년 정도면 가능할까? 10년 정도 걸려야 될까?' 나는 갑자기 맏며느리라는 책임감으로, 머리에는 온통 집 사는 생각으로 가득했다. '어떻게 하면 빨리 집을 살 수 있을까?' 작지만 집을 구해서 같이 살면 나도 아침마다 아이를 데려다주지 않아도 되니 아이도 잠을 푹 잘 수도 있겠구나. 아침마다 출근하기 위해 잠들어 있는 아이를 둘러업고 시댁으로 데려다줄 때 아이한테 미안했다. 나는 다시 뛰어서 버스를 타고 출근했다. 아침마다 나도 힘들고 아이도 힘들었다. 이렇게 사는 것이 전쟁 같았다. 어쩌다 한 번씩 시어머니께서 아이를 데리러 오시면 그렇게 감사할 수가 없었다. 시어머니께서 나를 배려해주신 것이다. 나는 시어머니의 깊은 마음을 이미 알고 있었기에 더 열심히 벌어 집을 빨리 사야겠다고 생각했다. 아침 시간이 얼마나 바쁜지 워킹맘들은 다 겪어 보아 충분히 이해할 수 있을 것이다. 아이 분유와 기저귀, 젖병을 챙겨 놓고 남편 아침 챙기면, 나의 아침은 늘 대충이다. 하루를 어떻게 보냈는지 알 수 없을 정도로 바쁘게 살았다. 그리고 정말 알뜰하게 생활하며 저축했다.

4년 즈음 지난 어느 날, 방촌동에 작은 빌라를 분양하고 있는 현수막을 보았다. 나는 반가워서 전화해 문의했고, 직접 방문도 했다. 집이 거의 완성되어가고 있었다. 비행기 활주로와 가까워서 비행기가 착륙할 때는 소음은 있었지만, 그 정도는 문제가 아니었다. 어떻게 해서든 집을 마련해서 시부모님과 함께 살고 싶었다. 그런데 갑자기 남편은 함께 사는 것을 반대했다. 부모님과 함께 살면 힘든 일이 많을 것이라고 했다. 남편도 나를 아끼는 마음에서 그렇게 했으리라. 나는 남편을 설득했다. "같이 살면 힘들다는 것을 나도 알지만, 지금으로서는 최고의 선택이다."라고 얘기했다. 아이, 시어머니, 나, 모두에게 최고의 방법이었다. 나는 힘든 것은 얼마든지 견딜 수 있다. 아이만 괜찮다면, 그 정도는 감당해낼 수 있었다. 남편을 설득하여 드디어 집을 계약했다. 물론 대출이 더 많았다. 대출은 열심히 돈을 벌어서 갚으면 될 일이었다. 시부모님께 이 기쁜 소식을 전했다. "어머님 아버님, 이제 함께 살아요. 저희가 작은 집을 마련했어요."라고 말이다. 두 분 모두 기뻐하셨다. "없는 집에 시집와서 네가 고생이 많구나!"라고 하시면서 어머님은 나의 손을 꼭 잡아주셨다. 내가 어리고 철없을 때, 부모 곁을 일찍 떠나왔다. 그래서인지 부모님과 함께 사는 것이 좋았다. 어린 시절에 여럿이 모여 앉아 함께 식사하고, 여름이면 마당에 누워 밤하늘을 바라보며 별을 세던 그 시절이 그리웠는지도 모른다.

결혼 후 4년이 지나 드디어 부모님과 한집에서 함께 살게 되었다. 이름도 예쁜 '수정빌라'이다. 4층 건물에 8가구가 살았고, 이층집이 우리 집이었다. 워낙 적은 돈으로 집을 마련하다 보니 돈이 모자라서, 아버님께서 전세로 살

앉던 전세금 일천만 원을 보태주셨다. 그래도 취득세, 등록세를 낼 돈이 없었다. 시아버님께서 다시 200만 원을 주시면서 내라고 하셨다. 너무나도 감사했다. 방은 세 칸으로, 처음 문패를 남편 이름으로 달아보니 세상 부러운 것이 없었다. 나도 이젠 작지만 집을 마련했다는 기쁨에 잠을 이룰 수가 없었다. 원래 계획했던 것보다 조금 일찍 집을 마련한 것도 신기해, 엄청 운이 좋아서라고 생각했다. 아마도 간절한 마음을 하늘이 도우신 듯했다.

안방은 시부모님, 작은방은 우리가 사용했고, 또 한 칸은 막내 시누이가 사용했다. 아침 시간이 넉넉해지고, 아침 식사도 편안하게 먹고 갈 수 있었다. 시부모님께 장롱도 선물해 드렸다. 두 분 모두 매우 좋아하셨다. 장롱은 사실 친정 이모님이 가구점을 하고 있어서 3개월 할부로 사드렸다. 모든 것이 순조롭게 잘 진행되어가고 있었다. 저녁에 퇴근하고 오면 시어머니께서 저녁 식사를 준비해두고 기다리셨다. 매우 감사했고, 가족이 함께 사는 맛을 다시 느끼고 있었다. 처음으로 시부모님과 같이 살아가려니 어려운 점도 있었지만, 천천히 적응해가고 있었다. 특히, 무더운 여름에는 더욱 힘들었다. 옷을 편하게 입을 수 없었기 때문이다. 시부모님도 불편한 것은 마찬가지겠지만 어쩔 수 없었다. 참고 견디어야 했다.

이제는 대출을 상환하는 것이 문제였다. 나는 더 열심히 일했다. 이제는 오로지 대출을 갚아나가는 것이 목적이었다. 그리고 아이도 할아버지, 할머니와 같이 사니까 더 안정적이었고, 나도 마음 놓고 일할 수 있었다. '함께 사는 맛이 이런 것이구나!'를 느끼며 모든 것에 감사했다.

요즘은 부모님과 같은 지역에 살아도, 대학교 근처에 방을 얻어 혼자 살아가는 학생들이 많다. 버스나 지하철이 있고, 학교까지 30분 거리인데도 말이다. 부모님과 다른 지방에 살면 떨어져 사는 것이 당연하지만, 가까운 거리임에도 부모와 같이 사는 것이 부담스러운가 보다. 물론 대학생이 되었으면 독립하는 것도 좋고, 버스 타는 시간을 아껴 공부하는 것도 좋다. 하지만 부모와 같이 지낼 시간이 그리 많지 않다는 것을 모든 우리 아이들이 알았으면 좋겠다. 취업하여 다른 지역으로 가게 되면 떨어져 살아야 한다. 결혼하면 당연히 분가해서 떨어져 살려고 할 것이다. 나의 경험에 의하면 함께 살 수 있는 시간이 그다지 많지 않다는 것이다. '함께 할 수 있을 때, 그 시간을 놓치지 마라.'라고 말하고 싶다. 부모님은 기다려주지 않으신다.

사람의 나이가 왜 있는지 알 것 같다. 세월이 흐르면서 배우고 느끼고 알게 되는 것이 인생임을 깨달았다. 좀 더 일찍 알았으면 좋으련만. 인생은 천천히 익어가고 깨달아가는 것이다. 사람에게는 때가 있다. 공부해야 할 때, 결혼해야 할 때, 아이에게 사랑을 베풀어야 할 때이다. 일한다는 핑계로 아이에게 소홀해지지 않으려는 것이 엄마들의 마음이다. 나는 여기에 내 인생의 좌표를 찍었다. 어쩌면 어릴 적, 경제적인 여유가 없는 탓으로 내가 할 수 없는 것들이 너무 많아, 아이에게는 모든 것을 해주고 싶었는지도 모른다.

작은집이지만 나에게는 큰 의미가 있는 집이었다. 시부모님께도 그렇고, 아이에게도 조금 당당해지고 있었다. 일하는 목적이 정확해졌고, 매월 갚아

나가는 대출금이 줄어드는 것을 보며 행복해졌다. 퇴근하여 집으로 가는 발걸음은 날마다 이루 말할 수 없이 가벼웠다. 마치 내가 구름 위를 나는 것 같았다. '상상은 현실이 된다는 것'을 알기에, 오늘도 나는 또 다른 상상을 하며 하루를 시작한다.

04

골프는 나에게
사치가
아니었다

2007년 3월, 큰아이가 고등학교 2학년, 둘째 아이가 초등학교 3학년이 되었을 때 나는 다시 무언가에 도전해야 될 시기가 왔다고 생각했다.

그동안 쉬지 않고 일했고, 틈틈이 공부도 했는데 그 목적은 대학원에 들어가기 위해서이다. 나는 전문대학을 졸업하고 공부를 더 하고 싶었지만, 형편이 여의찮았다. 그래서 학비가 적게 드는 방송통신대학교에 편입하여 학사를 마쳤다. 방송통신대학교에서는 학비를 많이 줄일 수 있었다. 이렇게 아껴둔 돈으로 경영대학원 석사과정에 입학하고자 하는 것이 나의 계획이었다. 요즘 대학 졸업은 기본이기에 석사과정을 공부하고 싶었다. 그렇게 시작하는 석사과정은 또다시 나의 눈을 뜨게 했다. 경영대학원은 일반 대학원과는 다르게 학생들 대부분이 기업 대표들이었고, 연령대가 나보다 높았다. 내 나이가 가장 많을까 봐 은근히 걱정했었다.

첫 번째 수업을 하던 날, 자기소개 시간이 있었다. 나는 카네기 리더십에서 배운 소개법으로 당당하게 인사했다. 나의 이름을 소개할 때, 한자를 풀어 "가을 향기 송추향입니다." 그리고 입학 동기를 말하고, 이어 나의 꿈을 발표했다. 주위에서 "우와!" 하면서 큰 박수와 함께 일명 '가을향기'가 되었다. 내 삶이 향기로운 인연으로 되길 바라면서, 늦었지만 45세에 여고생의 설레는 마음으로 야간 대학원에 입학했다. 일주일에 두 번 등교하는 것이어서 해낼 수 있었다. 학교에 가는 날이면, 조금 일찍 집에 들어가 저녁상을 차려놓고 갔다. 큰아이는 학교에서 급식하니까 괜찮았지만, 둘째인 딸아이가 걱정이었다. 그래서 나는 학교 가는 날 과외 선생님을 집으로 오시게 했다. 저녁을 먹이고 간식도 준비해놓고, 나는 학교로 신나게 운전하고 갔다. 30분 후면 남편이 집에 도착하기 때문에 괜찮았다. 하늘이 내 편인 것 같아 세상에 부러운 것이 없었다. 어느 날, 대학원에서 임원 선출을 하는데 자기소개 덕분인지 나를 부회장으로 추천해주어, 고맙게도 부회장까지 맡게 되었다. 임원 역할을 열심히 해보고 싶었다. 여러 동기와 어울리면서 좋은 사람들을 만나서 행복했고, 모두 열심히 살아가고 있는 사람들이어서 존경스러웠다. 그리고 나도 여기에 속해 있다는 사실에 뿌듯했다. 내가 나에게 칭찬을 아끼지 않았다. '그래, 너 잘하고 있어. 정말 탁월한 선택이야!'라고.

나는 하루하루가 즐겁고 신났다. '이처럼 아름다운 삶을 내가 살아가고 있구나!' 내가 꿈꾸던 삶이었다. 낮에는 열심히 일하고, 저녁에는 대학원을 향해 달려가는 마음은 세상을 다 가진 듯했다. '너무 늦은 나이에 시작하는 것은 아닐까?'라고 생각했던 내가 부끄러워졌다. 꿈꾸는 젊은 만학도가 생각보다 많았고, 배움에 목마른 사람들이 많았기 때문이다. 모두 열정이 가득했고, 배울 점이 많은 사람이었다. 세상에는 열심히 살아가는 사람이 많다는 것을 또 한 번 느끼면서, 아름다운 세상에 나도 함께 있어서 기분이 좋았다. 세상이 이토록 아름다운 것은 '열심히 살아가고 있어서'라고 생각했다.

세상이 온통 초록으로 물들어가고, 초록빛 바람이 향기를 몰고 오던 오월이었다.

동기들이 골프를 치러 간다고 인원을 파악하고 있었다. 나는 골프에 대해 전혀 알지 못했다. 내 인생에 골프는 사치라고 생각했었다. '공부만 하는 것도 어디야! 골프는 무슨 골프!!!'라고 생각하면서 매월 골프를 치러 가는 날이면 나는 잘 다녀오라고 인사만 했다. 그러기를 몇 개월 지나자, 동기 회장님이 "부회장도 골프를 쳐야 하지 않겠느냐?"라고 했다. 나는 어림도 없는 애기라고 딱 잘라 말했다. 남편에게 공부하는 것도 미안해서이다. 물론 학비는 내가 벌어서 내지만, 마음 한구석에는 늘 미안했다. 남편은 내가 공부하고 싶어 하는 것을 알고 있었기에 반대는 하지 않았다. 그래서 더 노력했다. 아이에게도, 시부모님께도, 남편에게도.

한 학기가 눈 깜짝할 사이에 지나고 기말고사가 끝났으며, 여름방학이 시작되었다. 방학 동안에 골프를 배워보라고 동기들이 자꾸 말을 건넸다. 더구나 부회장이 골프를 안 하면 안 된다고 하면서 적극적으로 권했다. 이젠 나도 마음이 살짝 흔들렸다. 남들도 다 하는데 나도 한번 해보고 싶어졌다.

'방학이니까 한번 시도라도 해보자. 포기하더라도 해보고 포기하자.'라는 생각으로 3개월 등록했다. 처음으로 골프 연습을 하러 가던 날, 갑자기 시아버님이 대장암으로 판정받았다. 건강검진을 했는데, 큰 병원에 가보라고 하여 대구 영대 병원에 가셨는데 결과가 그날 나온 것이다. 한집에서 함께 살다가 9년 만에 우리는 아파트를 분양받아 분가하여 살고 있던 때이다. 이런 상황에 골프를 배울 수가 없었다. 잠시 기간을 연장 신청하고, 저녁에는 매일 아버님이 입원해 계시는 병원으로 달려갔다. 집안일도 해야 하고, 직장 일도 해야 하며, 아이들 뒷바라지도 해야 했다. 방학이라서 천만다행이었다. 아들이 고등학교 2학년인데, 방과 후 과외수업이 11시 30분에 마친다. 버스가 끊기는 시간이라 나는 늘 아들을 데리러 시지동으로 갔다. 일을 마치면 병원에 갔다가 아들을 태워 데리고 오면, 나의 일과가 마친다. 정신없이 미친 듯이 열심히 살아갔다.

아버님은 수술이 잘 되었고, 회복도 생각보다 빠르게 진행되었다. 앞으로 관리만 잘하시면 된다고 했다. 나는 한시름 놓고, 다시 골프를 배우기 시작했다. 그렇게 틈틈이 배웠지만, 연습량은 턱없이 부족했다. 주말이면 더 바쁘게 하루를 시작했다. 아침 일찍 집 안 청소하고 아침을 준비해서 먹고, 아이를 학원에 데려다주었다. 그리고 딸아이는 할머니 집에 잠시 맡기고 나는 골프 연습하러 가기도 했다. 몇 개월을 배우자 재미있었다. 필드에도 나가고 싶어졌다. 주말 아침이면 5시 30분부터 시작하는 파 3를 갔다. 이른 시간에 연습하러 온 사람들이 꽤 많았다. 줄을 서서 기다려야 했다. 부지런하게 살아가는 사람이 정말 많았다. 새벽시장에만 사람이 많은 줄 알았는데 새로운 세상 단면을 보게 되었다. 직장 동료들과 9홀을 돌고 집에 와도 8시, 아침 일찍 시작하니 하루를 얼마나 알차게 보낼 수 있는지 새삼 느끼게 되었다. 부지런하게 움직이고 즐기는 사람에게는 못 이긴다고 했던가! 조금씩 제법 자세가 잡혀가고 있었다. 드디어 나도 학교 동기들과 골프 동아리에 합류하게 되었다. 민폐를 끼치지 않을 정도가 되었다고 생각해서이다. 그러나 막상 필드에 나가니 너무나 다르게 결과가 나올 때가 많았다. '나는 왜 이렇게 안 되지?'라고 생각하면서 속이 상할 때도 많았다. 역시 나에게는 사치인가 싶어 포기할까도 여러 번 생각했다. 이왕 시작한 것, 천천히 하라고 동기들이 다독여주었다. 나는 서서히 골프의 손맛을 알게 되었고, 또 다른 삶의 한 부분을 그리고 있었다

그렇게 시작한 골프는 내 인생에 큰 도움을 주었다. 일하면서 VIP 고객 골프 초대 행사를 회사에서 하게 되었다. 부족한 실력이지만 고객들과 함께 운동할 수 있어서 매우 좋았다. 힘들게 배운 골프를 매우 요긴하게 잘 활용하고 있었다. '배워서 남 주나?' 이 말이 나의 가슴에 콱 와닿았다. 그 후로도 회사에서 주최하는 골프 행사가 있을 때면, 나는 항상 그 자리에 고객들과 함께 있었다. 일하면서 골프하고 있는 것에 스스로가 대견했고 고마웠으며, 회사

에서도 이런 행사를 개최해 주는 것에 대해 감사했다. 삶의 만족도가 높아지고 일의 결과도 좋아지고 있었다. 그때 배우지 않았다면 나는 얼마나 후회했을까! 무슨 일이든 기회가 왔을 때 배워 두어야 한다는 것을 깨닫게 되었다.

공부하기 위해 들어간 대학원이었는데, 동기 덕분에 골프도 배워 이젠 삶의 여유를 가질 수 있는 좋은 시간이 되어가고 있다. 골프장은 대부분 공기 좋은 산에 있다. 이곳에서 잔디를 밟으며 일행과 운동하며 살아가는 이야기를 할 수 있다는 것, 서로 배려하고 응원하며 좋은 이야기를 나눌 수 있는 것, 이 또한 나에게는 행운이고 행복이다. 이젠 건강하게 운동하며, 행복하게 살아가는 것이 나의 의무이고 바람이다. 우리 부모님 세대에는 '죽어라.' 하고 일만 하고, 자녀 뒷바라지하다가 인생이 끝났다. 부모님을 생각하면 가슴이 아프다. 어머니의 행복이 무엇이었는지 여쭈어보았다. 물론 자식이 잘되는 것이라고 말씀하신다. 내가 부모가 되어 있는 지금, 부모를 모시는 마지막 세대이고 자식에게 외면당하는 첫 세대가 될 것이다.

필자는 우리 부모 세대처럼 살지 않으려고 노력했다. 가끔 부모의 처지에서 생각해보게 된다. '인생이 얼마나 허무할까!' 생각한다. 자신의 인생이 행복해야, 부모도 보이고 자식도 보이며 옆 사람도 보인다. 삶이 퍽퍽하면 다른 것이 눈에 띄지 않는다. '인생은 타이밍'이라고 했다. 지금 우리가 이렇게 편하게 사는 것은 우리 부모님들이 고생하시어 닦아놓은 길을 가고 있어서이다. 그러므로 우리는 부모님의 은공을 잊어버리면 안 된다. 고향 부모님은 아직 두 분 모두 살아계시지만, 안타깝게도 시부모님 두 분 다 먼 길을 가셨다. 살아계실 때 더 잘해 드리지 못한 것이 후회된다. 늘 감사한 마음을 잊지 않고 있다.

살면서 무언가를 도전한다는 것이 얼마나 멋지고 아름다운 일인지 나는 안다. 이 해가 가기 전에, 나는 책 한 권을 완성해 보는 일에 도전 중이다. 주말마다 혼자 책상 앞에 앉아서 조용히 과거로 들어가 여행하면서 글을 다듬어써 내려간다. 나만의 소중한 이 시간이 있어 내 삶은 행복하다.

미국의 명배우 재커리 스콧(Zachary Scott)은 이렇게 말했다.

"나이가 들수록 해보지 않은 것에 대해서만 후회한다는 것을 알게 될 것이다."

05

낚시의 맛과
그물의 멋

내가 매일 만나는 사람들은 정해져 있지 않다. 언제 어디서나 내가 찾아간 곳에서 인사하며 명함을 드리고, 두 번째의 만남을 기약하고 온다. 개척 영업을 하던 시절의 이야기다. 먼저 설문지를 받고 나서, 미혼과 기혼으로 나눈다. 미혼과 기혼의 재무설계는 다르기 때문이다. 그리고 수입의 정도와 나이에 따라 재무관리를 달리한다. 이렇게 보험 상담을 할 때는 대부분 1:1로 해왔다. 상담 시 개인의 정보를 이야기해야 하므로, 개인의 사생활 정보는 보호되어야 하기 때문이다.

어느 순간부터 같은 이야기를 반복적으로 하는 것이 힘들어졌다. '다른 방법은 없을까?' 그리고 생각해 낸 것이 세미나 영업이었다. 세미나 영업의 장점은 10여 명을 초대해서 인생의 기본적인 5대 필요자금에 관해 이야기하고 계산해 보는 시간이다. 지금 준비하고 있는지, 하고 있다면 어떤 방법으로 하고 있는지를 질문한다. 그런데 대부분 저축은 나름대로 하고 있지만, 필요자금에 이름표를 붙여 구별하여 저축하는 사람은 많지는 않았다. 사실 준비하지 않고 있는 것이나 다름없었다. 그래서 이런 내용을 세미나를 통해서 알리고, 관심이 있는 사람은 부부가 같이 있을 때 개별상담을 했다. 가정 경제는 대부분 아내가 결정권이 있고, 가정의 큰 계획은 부부가 상의하고 계획하여 실천하는 것이 중요하기 때문이다.

30대 중반에서 40대의 가장들의 가장 큰 걱정은 자녀의 교육자금이었다. 자녀의 교육자금 준비를 위해 필요자금을 대략 계산해 보면 생각보다 큰돈이 들어간다는 것을 알 수 있다. 물론 부모들이 준비하고는 있지만, 더 효율적인 것이 무엇인지에 대해 상담한다. 자녀 교육은 초등학교 6년, 중학교 3년, 고등학교 3년, 대학교 4년이다. 기본적으로 16년이 걸린다. 물론 의대나 법대에 간다면 더 길어지고 자금도 더 늘어나게 된다. 그리고 지방에서 서울로 간다면 상황이 또 달라져 자금이 더 늘어날 수밖에 없다. 생각보다 긴 교육 기간에 필요한 큰 자금에 관해 걱정하지 않을 수 없다.

요즘은 중학교까지 의무교육이지만, 사교육비가 학자금보다 더 많이 들어간다. 이런 내용을 구체적으로 알고 나면 부모들은 모두 깜짝 놀란다. 가장 부담스러운 교육자금과 두 분의 노후 준비자금을 컨설팅해주면, 필요자금 준비의 필요성을 느끼며 보험 계약으로 이어진다. 자녀의 교육자금 준비를 위한 것과 노후 자금 준비를 위한 보험 계약이다. 준비하지 않는 사람은 편안한 노후를 보장받을 수 없다. 이렇게 세미나를 통해 시간도 절약하고 계약은 100% 성공하는 세미나 영업이 나를 신나게 일할 수 있게 했다. 물론 세미나 준비도 철저하게 한다.

이렇게 세미나 영업을 하려면, 협력자가 필요하다. 시간을 정하고 장소를 선정해야 한다. 직장인들은 개인적으로 긴 시간을 마련하기가 어렵다. 그래서 협력자에게 퇴근 후에 직장인들을 모아주면 세미나를 하겠다고 제안했다. 각자가 시간 내기 어려운데, 좋은 방법이 될 것 같다며 허락해 주었다. 나는 세미나 영업을 위해 개인적으로 거금을 주고 빔을 샀다. 남들과 다르게 영업하는 나에게 고객들도 신기해했고, 응원해주었다. 나는 짧은 시간에 많은 사람을 효율적으로 만날 수 있어서 일거양득이었다. 세미나에서 강의하면 언제나 그렇듯, 교사가 된 듯한 기분이었다.

인생의 멋을 알려면 낚시를 해보아야 한다고 했다. 마음을 비워내는 시간, 기다림으로 자신을 채워가는 시간을 만나기 때문이다. 얼마나 인고의 시간을 기다리면서 인생의 의미를 찾아가는 소중한 시간인가! 낚시가 잘되지 않아 하늘을 수없이 바라보고, 멀리 있는 바다를 하염없이 주시하고 있을 때 결과물이 얻어지면 얼마나 큰 행복과 즐거움을 맛보겠는가!
언젠가 회사에서 제주도에 갔다. 바다낚시를 해보는 시간이 있었다. 나는 멀미를 해서 낚시의 즐거움과 맛을 알기도 전에 포기해야 했다. 다른 동료들은 가끔 당겨 올리는 물고기를 보고 환호성을 지르며 즐거움을 표현하고 있었다. 나는 배 안에서 혼자 낚시가 빨리 끝나기만을 기다렸다. 낚싯대를 드리우고 망망대해를 바라보는 사람들이 멋있게 보였다. 인생의 깊이를 아는 것처럼 보였고, 출렁이는 파도에 몸을 맡기고 있는 것을 보면, 세상 모든 시름을 바다에 던지고 즐기고 있는 것처럼 보였다. 나는 낚시를 즐기지는 못했지만 하나 깨달은 것이 있다. '낚시도 아무나 하는 것이 아니구나.'라는 것이다.

영업도 마찬가지다. 누구라도 한다고 뛰어들 수는 있지만, 아무나 하는 것이 아니다. 사람마다 방식이 다르고 생각이 다르므로 그 결과가 달라진다.

오랫동안 일하면서 한가지 방식으로만 했다면, 나는 오래 버티지 못했을 것이다. 상황에 따라 개인 상담, 세미나 영업, VIP 초대 영업, 단체 보험영업 등 다양한 주제로 일해 왔다. 또한 내가 배우고 싶은 교육에 적극적으로 참여하여 늘 배움의 끈을 이어갔다. 일을 잘하려면 늘 자신을 갈고 다듬어야 한다고 생각했다. 왜냐하면, 변화 속도가 너무 빨라 따라가야 하기 때문이다. 이속도에 맞추어 가려면 나도 공부해야 했다. 공부하는 것, 책 보는 것을 좋아했기 때문이기도 하다.

나는 고기를 잡는 방법이 낚시와 그물이 있다면 그물을 선택할 것이다. 세미나 영업이 그물과 같은 것이다. 한 번에 많은 사람을 만나 보험의 필요성에 관해 세미나를 하고, 가망고객을 늘려 개인 맞춤식으로 재무설계를 해주는 것이다. 이렇게 하면 일하는 데 시간이 절약되고 군중심리가 작용하여 한 사람이 하면 다른 사람들도 하게 되는 효과도 있다.

　30년 넘게 해온 일이지만, 보험영업은 늘 새롭다. 시대를 앞서가는 일이 보험산업이다. 1991년에 영업할 때를 생각해보면 정말 세상은 많이 바뀌었다. 인간의 평균수명이 엄청나게 늘어났기 때문이다. 놀라운 것은 그 당시 암보험의 만기가 60세였다. 평균수명이 60세 언저리였기 때문이다. 그 당시 암보험에 가입한 30세인 남편 친구가 이렇게 말했다. "내가 60세까지 살아 있겠냐?"라고. 지금은 평균수명이 85세가 넘어가고 있다. 60대인 우리 세대의 평균수명은 90세가 넘어갈 것이고, 그 이후는 100세 시대가 될 것이다. 이제는 암보험도 종신 보장이 있고, 100세 보장도 있다. 보험상품은 미래를 위한 상품이기에 항상 시대를 앞서간다. 그래서 늘 새로운 상품이 등장한다. 상품을 보면 앞으로 어떤 질병이 많이 발생할 것인지도 미리 짐작할 수 있다. 미래에 발생할 질병에 관해 통계적으로 예측하여 상품을 만들기 때문이다. 보험회사에서는 미래에 꼭 필요한 상품을 만들어 낸다.

　평균수명이 늘어나면서 확정 고금리 연금 상품이 고객들에게는 큰 이익이다. 그러나 회사에서는 큰 부담을 가질 수밖에 없다. 확정금리 연금 상품은 약속대로 고금리의 연금을 주어야 한다. 이제는 보험을 꼭 준비하지 않으면 안 되는 시대이다. 갈수록 길어지는 평균수명, 갈수록 늘어나는 암과 성인병이 생각보다 빠르게 나타나고 있다. 나이가 들어 50대 중반에 나타나던 암과 성인병이 요즘은 나이와 상관없이 엄청나게 늘어났다. 공부도 좋지만, 초등학교 때부터 건강하게 사는 법을 가르쳐야 한다는 생각이다. 요즘 초등학생들을 보면 방과 후에도 학원에서 학원으로 이어진다. 이런 생활로 인해 운동할 시간이 없어 건강을 놓치고 있다. 인생에서 가장 중요한 것이 무엇이겠는가? 바로 건강이다. 건강을 잃으면 모든 것을 잃게 된다고 했다. 오래 사는 것이 중요한 것이 아니라, 건강하게 사는 것이 중요하다.

한 사람을 안다는 것은 한 우주를 안다는 것으로 생각한다. 《시크릿》 책은 한 사람을 우주로 표현했다. 이 책에서 나는 '끌어당김의 법칙'에 대해 감명을 받았다. 그것도 세 번 정도 읽은 후에야 깨닫게 되었다. 그 후로도 읽고 또 읽어서 열 번은 읽었다. 이제는 확신이 생겼다. 생각이 끌어당김의 법칙이 되어 나에게 돌아왔다. 내가 어떤 생각으로 살아가느냐에 따라 내 삶이 달라진다는 것이다. 쉬운 말이지만 무게가 있는 말이다. 긍정적인 생각이 나를 바른 길로 갈 수 있게 비추어준다. 성공도 좋지만 올바르게 사는 것은 더 중요하기 때문이다. 훌륭한 사람은 죽어서도 이름을 영원히 남긴다. '호사유피 인사유명(虎死留皮 人死留名)'이라는 말이다. 나는 유명한 사람이 아니더라도 훗날에 괜찮은 사람이었다는 말을 듣고 싶다.

일하는 방법으로 낚시와 그물을 이야기했다. 일할 때 효율적인 것은 그물이다. 이건 누가 봐도 알 일이다. 그러나 이 방법을 '어떻게 끌어내느냐?'가 관건이다. 결국 답은 사람에게 있다. 세미나가 어렵다고 생각할 수도 있다.

그런데 할 수 있다는 믿음으로 노력하면 된다.

목사이자 작가인 노만 V. 필(Norman Vincent Peale)은 이런 말을 남겼다.

"모든 사람은 진실로 원하고 결심한다면 뭐든지 할 수 있다. 우리 모두는 상상 밖으로 더 위대한 것들을 할 수 있다. 실제로 우리의 성취는 주로 소망, 믿음, 끈기 있는 노력, 능력에 달려 있다. 그러나 만일 당신이 앞에 있는 세 가지 요소가 부족하다면 당신의 능력만으로는 성취하지 못할 것이다. 따라서 앞의 세 가지 요소에 집중하라. 그러면 결과는 당신을 놀라게 할 것이다."

어떤 일을 이루고자 하는 소망이 있다면, 이룰 수 있다고 믿고 목표를 이룰 때까지 노력하기를 바란다. 그러면 이루게 될 것이다.

06

선한 영향력을
미치는 사람이
되어라

2010년 박사과정을 공부하고 있을 때였다. 경산에 있는 중소기업 연수원에서 CEO를 위한 교육 프로그램이 있어 참가하게 되었다. 토요일 오전 9시부터 오후 6시까지 진행되었는데, 6개월 동안 격주 토요일에 진행되었다. 참가자들은 대부분 대구와 경산에서 제조업을 하는 중소기업 대표들이었고, 강사들은 모두 서울에서 왔다. 강사들이 한결같이 강의를 잘하는 모습을 보고, 나도 언젠가는 저 강사들처럼 멋지게 강의하고 싶어졌다. 실력이 있는 유명한 강사들의 강의기법도 배우고 싶어서 참여한 목적도 있었다. 이 교육 프로그램을 통해 많은 도움이 되었고, 역시 최고의 강사라는 것을 알게 되었다. 나는 보험 일을 하면서 언젠가 멋진 강사가 되는 것을 꿈꾸고 있었다. 강사가 되고 싶은 이유는 기업체에 가서 사원들에게 재능기부로 강의해주고, 회사 대표에게 필요한 보험과 직원들 단체보험을 권유하고 싶어서였다.

교육을 수료하고 나니 나는 최고의 강사가 되기 위해 교육의 필요성을 또 느꼈다. 대구에 이런 교육이 있을까 해서 찾아보았지만 없었다. 인터넷의 힘을 빌려 찾고 있을 때, 이화여대에서 마침 교육생을 모집하고 있었다. 나는 이화여대 담당 부서로 전화했고, 내 전화번호를 남겼다.

이튿날, 교육을 진행하고 있는 안병재 교수라고 하면서 전화가 왔다. 교육 진행은 일주일에 두 번 진행한다고 했고, 6개월 정도 걸린다고 했다. 교육 기간도 길었고, 금액도 거금이었다. 일명 '이화여대 명강사교육' 프로그램이었다. 서울까지 일주일에 두 번 가야 하는 부담감과 만만치 않은 교육비, 왕복 교통비까지 있어 상당히 고민되었다. 원서 마감 날까지 결정을 못 하고 있을 때, 다시 안병재 교수님의 전화가 왔다. 처음엔 엄두도 나지 않았지만, 교수님의 자세한 안내로 참석할 것을 결심했다. 가서 보니 대구에서 교육을 신청한 사람이 한 명 더 있었다. 유치원을 운영하는 김 원장이었다. 우리는 같이 열차를 타고 다녔는데, 창원에서도 교육을 신청한 사람이 있었다. 그 외는 서울과 인천, 경기도에서 오는 사람이 대부분이었다.

대구 촌놈이 서울까지 입성해서 교육받는 내가 대견했다. 서울에 가니 유명한 강사들이 많았고, 강사들은 나의 열정에 힘을 팍팍 실어주고 있었다. 나는 스펀지처럼 교육에 빨려 들어갔다. 매주 두 번씩 오후 4시 30분에 KTX

를 타고 출발, 서울역에 도착하여 택시를 타고 이화여대에 간다. 수업이 6시 30분에 시작되었다. 수업을 마치면 9시 50분 정도 되었고, 바로 택시를 타고 서울역으로 가서 10시 30분에 대구로 가는 열차를 탔다. 집에 도착하면 12시가 넘어, 하루에 잠을 4시간 정도 자야만 했다. 그렇게 10주를 다녔다. 이렇게 교육을 받은 결과, 다양한 강의 패턴이 있다는 것을 알게 되었다. 그리고 수강생마다 교육받는 뚜렷한 목적과 꿈이 있다는 것도 알게 되었다. 수강생들은 1분 1초도 헛되게 사는 사람이 없었고, 노력하고 연구하며 배우기를 열심히 하는 사람들이었다.

시작이 반이라고, 수료까지 한 번도 빠지지 않고 100% 참석해서 개근상을 받았다. 서울에 사는 동기들도 진심으로 축하해주었다. 멀리 대구에서 서울까지 다니면서 개근한다는 것은 대단한 일이라며 칭찬을 아끼지 않았다. 서울에 갔다 오는 날이면 아무리 집에 늦게 도착해도 그다음 날 아이들 아침을 챙겨 먹이고, 남편 아침도 챙긴 후 나는 출근했다. 일도 해야 했고 박사과정 공부도 해야 했다. 이렇게 몸은 힘들었지만, 마음은 더 열정으로 타오르고 있었다. 유명한 강사가 강의할 때는 온몸으로 전율이 느껴질 정도였다.

여기까지 오기가 얼마나 고난의 길이었는지를 한 번에 알 수 있었다. 토스트 대표 김석봉 강사님의 강의는 정말 인상적이었다. 성공의 길은 멀고도 험한 것이지만, 매우 멋진 인생을 살고 계시는 분이었다. 성공으로 그치는 것이 아니라 인생의 후배들에게 선한 영향력을 미치는 강의가 더 좋았다. 안병재 교수님의 방향 마크는 '선한 영향력을 미치는 사람이 되어라.'였다. 많은 강사가 후배들을 위해서 선한 영향을 아낌없이 주는 모습을 보았고, 나는 늘 이말을 가슴에 담고 살아간다. '늘 선한 영향력을 미치는 사람이 되어라.'

이화여대 명강사교육 프로그램을 마치고, 다음 학기에 나는 생각도 못 한 일이 일어났다.

박사과정 2학기 때이다. 대구에 있는 영진전문대학에서 강의 요청이 들어왔다. 지금은 외래교수라고 하지만, 일명 시간강사였다. 나는 흔쾌히 수락했다. 석사, 박사과정으로 재무관리를 전공하고 있었는데, 재무관리를 교양과목으로 해달라고 했다. 나는 '드디어 나에게도 기회가 왔구나.'라고 생각하며 신이 났다. 일을 마치고 야간에 강의했다. 강의장에 들어가 눈을 말똥말똥하게 뜨고 앉아 있는 학생들을 보니, 나의 과거로 들어가 있는 듯한 환상을 느꼈다. 열심히 준비해서 강의했다. 참으로 보람되고 하늘을 나는 듯한 기분이었다. 촌놈이 서울까지 간 이유도, 그리고 그동안 열심히 살아온 보상을 받는 것만 같았다. '준비된 자에게 기회가 오는구나.'를 실감했다.

대학교에서 강의하게 될 줄은 몰랐다. 처음엔 야간에 하다가 2년 후부터 주간에도 하게 되었다. 5년 정도 열심히 후회 없이 했다. 이렇게 바쁘게 살다 보니 건강에 적신호가 왔다. 병원에 갔더니 일하지 말라고 했다. 건강나이가 70세라고 했다. 나이는 40대 후반이었는데, 70세라니! 큰 충격을 받은 나는 잠시 쉬기로 했다. 한 달 정도 집에서 보약을 먹으면서 쉬어 보았지만, 내

성격에는 맞지 않았다. 보약을 먹은 덕분인지 컨디션이 회복되어 다시 일상으로 돌아갔다. 쉬면서 건강의 소중함을 알게 되었고, 건강은 건강할 때 지켜야 함을 깨닫게 되었다. 무엇보다 건강의 소중함을 알고 나니 운동을 열심히 하기로 결심했다. 등산도 하고 헬스도 했다. 다시 바쁜 일상을 보내게 되었고 나는 여전히 일에 집중하고 있었다.

10년이 넘은 지금, 가끔 동기들이 보고 싶어서 전화했다. 교편생활을 하다가 강사로 일을 바꾼 김미양 선생님, 청렴 공직생활 강의를 하는 이강숙 선생님, 사원으로 입사해 지금은 부사장이 된 박경미 상무(그 당시 직책) 등. 각자 제자리에서 여전히 열심히 살아가고 있다. 최근 코로나로 인해 강사들의 자리가 어렵게 되었다. 자기 일이 있으면서 부업으로 하는 사람이면 그나마 다행이었다.

세상은 늘 변한다. 어떻게 변할지는 아무도 모른다. 그래서 늘 공부하고 준비하지 않으면 안 된다. 좋은 방법은 시스템을 만들어 놓으면, 경제적으로 어려워졌을 때 충격이 덜할 것 같다. 본업이 있고 부업을 만들어 놓아야 한다는 것이다. 경제력도 키우고 나의 실력도 늘어나게 한다면 금상첨화이다.

인생의 정답은 무엇일까? 정답이 있다면 어떤 것일까? 없다면, 왜 열심히 살아가는 것일까? 무엇을 위해서? 필자는 이런 생각을 해볼 때가 있다. 너무 앞만 보고 달리다 보면, 내가 지금 어디로 가고 있는지, 무엇을 위해 가고 있는지가 궁금할 때가 있다. 나는 그때마다 고향에서 대구로 가는 기차를 타고 올라오던 날을 생각한다. 1978년 10월 27일.

'인생은 빈손으로 왔다 빈손으로 간다.'라는 노래 가사가 있다. 나는 올 때는 빈손으로 왔지만, 갈 때는 빈손으로 가는 것이 아니라고 생각한다. 좋은 일을 많이 하고 선한 영향력을 끼치고 가게 된다면, 결코 빈손으로 가는 것이 아니다. 사람은 가고 없을지라도 그 사람의 영향력은 계속 숨 쉬고 있고, 이어지리라 생각한다.

어릴 때 좋은 기억은 10년이 지나고 20년이 지나도, 평생토록 회고된다.

초등학교 3학년 때 담임선생님이 여선생님이었다. 잔잔한 미소와 고운 미소가 아직도 선하다. 시를 쓰는 시간이 있었다. 나는 '코스모스'라는 제목으로 시를 처음으로 써서 제출하고 집으로 돌아왔다. 그다음 날 학교에 갔는데, 예쁜 액자에 내 시가 교실 뒤 환경부 벽에 걸려 있는 것이 아닌가! 그것을 보고 매우 기뻤다. 그 예쁜 액자가 아직도 내 기억에 살아있다. 그 선생님이 지금은 어디에 계신지 궁금하다. 그분이 나에게 준 아름다운 눈빛과 곱디고운 미소와 선한 영향력은 내 가슴에 남아있다. 애써 기억하지 않아도 늘 함께한다.

연결되지 않는 삶은 없다. 순리대로 살아가고, 물 흐르는 대로 가면 된다. 날마다 찾아오는 햇살의 소중함을 알고, 바람의 이야기를 들으며, 꽃이 피는 이유를 알면 되지 않는가! 나는 아직도 코스모스꽃을 가장 좋아한다.

나는 선생님의 선한 영향력이 내 안에서 자라고 있다고 생각한다. 삶의 이야기는 바람처럼 스치기도 하지만, 가슴에 꼭 남아 나무가 되어 자라기도 한다. 나는 내 안에 나무를 많이 키우고 싶다. 큰 그늘을 만들어 사람들이 쉬었다 갈 수 있는 나무가 되고 싶다.

07

멘토는
내 인생의
행운이다

리더십 교육에 관심이 많았던 나는 우연히 '휴먼 리더십 교육' 프로그램을 소개받았다. 이 프로그램의 장점은 다른 프로그램과는 달리 교육비가 없었다. 좋은 교육이라면 분명 수강료가 있어야 하는데, 간식비 2만 원만 내면 된다고 했다. 그리고 수강생들 대상으로 교육진행자들이 면접을 시행하고, 입과를 결정한다는 것이다. 수강생들은 자신을 추천한 사람을 소개하고, 면접에 통과하면 입과가 되었다. 나는 하루 참석해보고, 시간이 아까울 것 같으면 중간에 나올 생각이었다.

오후 7시부터 교육이 시작되었다. 일을 마치고 달려갔더니, 김밥과 간식을 저녁 식사 대용으로 준비되어 있었다. 김밥 한 줄과 차 한 잔으로 저녁을 때우고 자리에 앉았다. 조그마한 강당에 스물두 명 정도 앉아 있었다. 강사들은 정장을 입고 있었고, 전문 강사의 포스가 느껴졌다. 강의가 곧 시작되었고, 매우 활기차게 진행되었다. "열정! 열정! 열정!" 이렇게 세 번을 외치면서 휴먼 리더십 교육이 활기차게 시작되었다.

첫 번째 수업이 50분간 진행되고 10분 휴식 후 두 번째 수업이 진행되자, 다른 강사가 등장했다. 시간마다 강사가 바뀌었고, 강사 둘이 먼저 시범을 보이고 교육생들이 따라서 하는 것이었다. 세 번째 수업이 끝났을 때, 수강생들이 궁금해하는 사항을 강사가 다 알려주었다. 강사들은 강사 자격이 있는데도 수강료 한 푼 받지 않고 자원봉사를 하고 있었다. 강사들은 대체로 교사들과 전문직장인들이 많았다. 나는 '세상에 이렇게 아름다운 일이 있구나.'라고 생각하는 순간 울컥할 만큼 감동했다. 낮에는 각자 직장에서 일하고, 퇴근하면 기다리는 가족도 있고, 피곤하기도 하련만, 우리와 같이 김밥 한 줄로 저녁을 때우고 강사들은 봉사하고 있었다. 나는 '수강료도 없는 프로그램이라서 그저 그런 교육인가?'라고 생각했던 것이 떠올라 얼굴이 화끈거려 쥐구멍이라도 찾고 싶었다. 교육은 시간이 갈수록 강의하는 나에게 도움이 되었고, 살아가는 데도 필요한 내용이었다.

나는 그동안 학교에서 강의할 때 팀원이 전원참가와 발표를 병행하고 있었다. 그런데 내가 좋아하는 방식으로 강의가 진행되고 있어서 더 적극적으로 관심이 생겼다. 강사가 매일 6명이나 교육에 참여하고 있었다. 주 진행 강사가 활기차게 교육을 진행하고, 다른 강사들은 교육생들을 살피면서 흐름을 따라갈 수 있도록 도와주었다.

　다른 여러 교육을 받아보았지만, 대부분 교육은 강사 혼자 강의하고 마친다. 그러나 이번 교육은 매주 교육생들이 주제에 맞게 사례를 들어 문제점이나 고민을 해결해나가는 방법을 발표하는 것이었다. 교육을 통해서 나의 고민과 문제점을 스스로 풀어나가는 것이 신선하고 유익했다. 같은 문제점을 다른 관점으로 보고, 다른 방법으로 문제점을 풀어갈 수 있는 다양한 생각들을 들어볼 수 있었다. 이 교육을 통해 다른 사람들의 좋은 경험을 배우고 있었다. 강사님들이 매우 존경스러웠고, 세상에 이름도 없이 빛을 내면서 살아가는 모습이 아름다웠다. 이렇게 멋지고 가치 있는 일을 이제 나도 하고 싶어졌다. 그래서 알아보니 강사가 되려면 교육을 마치고 강사 자격증 교육을 이수해야 하며, 시험에도 합격해야 한다고 했다. 그런데 아쉽게도 강사 자격증 교육은 수강생이 많지 않아서 자주 시행하지 않는다고 했다. 1년에 두 번 있고 해서 나는 기다렸다가 강사교육 프로그램에 참여하였다.

　강사교육 프로그램에 참석한 나는 고상하고 여성스러우며 자태가 고운 한 분을 만났다. 하루는 가족 이야기를 하는데, '봉지'에 관한 이야기를 자주 하셨다. 나는 처음에 '봉지가 손녀인가?'라고 생각했다. 나중에 알고 보니 애지중지 키우는 애완견이었다. 모든 이야기의 주제가 강아지로, 봉지와 생활하면서 느낀 이야기를 자주 발표하셨다. 난 속으로 이렇게 생각했다. '나는 아이들 키우기도 바빠 죽겠는데, 어떻게 강아지에게 온 정성을 쏟으며 예뻐하실 수 있을까? 개 팔자가 상팔자네!'라고. 하지만 나는 그분의 말씨와 행동은 늘 타인에게 모범이 되었고, 자상하신 분이어서 관심을 두게 되었다.

교육을 마치고 강사가 되기 위해 절차가 필요했다. 강사를 뽑는 것이기 때문에 실습까지 평가자들의 만장일치로 합격해야 했다. 그래서 합격한 강사가 그리 많지 않았다. 하지만 나는 운이 좋게도 만장일치로 합격했다는 통보를 받았다. 얼마나 기쁘던지, 나도 무엇인가 나눌 기회를 가진 자체만으로도 행복했다.

강사가 된 후로는 한 시간 일찍 가서 강사들끼리 회의를 진행하고 교육을 진행할 순서를 정했다. 첫날이었지만, 교육의 모든 과정이 강사들의 온전한 희생으로 진행되고 있음을 온몸으로 느끼게 되었다. 나처럼 교육 프로그램에 관해 처음에는 가볍게 생각하고 오는 사람이 많다. 그런데 날이 갈수록 교육생들은 강사들의 정성과 노력으로 교육이 이루어진다는 것을 알고 감동한다. 나도 강사로서 더 열심히 준비하고, 멋진 강사가 되기 위해 노력했다.

교육을 마치고 어느 날, 화분을 살 일이 있어서 나는 꽃 도매상가를 방문했다. 꽃집에 노란 황금색 국화 화분이 있었는데, 갑자기 봉지 엄마인 그분이 생각났다. 전화하여 오후에 사무실에 계시냐라고 여쭈었더니, 차 한잔하러 오라고 했다. 나는 황금색 국화 화분을 들고 사무실로 처음 방문했다. 깔끔한 옷차림, 단아하고 우아한 모습이었다. 차를 나누며 이런저런 이야기를 나누었다. 알고 보니 대구에서 유명한 병원 사모님이었다. 그 정도이면 보통 사람들과 잘 어울리려고 하지 않을 수 있을 텐데, 한 번도 자신을 내세워 본 적 없어 놀라웠다. 그분은 모든 사람에게 친절하고 평등하게 대해 주어서, 그분의 품격이 느껴졌다. 나는 그분을 자주 뵈면서 그분과 같이 강사로 봉사활동을 하면서 많은 시간을 보냈다.

그렇게 시작된 인연은 특별한 사이가 되었고, 몇 년이 지나도 그분은 한결같은 마음이었다. 그분으로부터 배울 점도 많았고, 매우 검소하고 기부와 봉사를 자주 실천하셔서 나는 감동을 받았다. 언니도 오빠도 없는 나는, 자상한 이런 언니가 있으면 얼마나 좋을까 생각했다. 그리고 더 욕심을 내어 저분이라면 나의 멘토가 되어줄 수 있을 것 같았다. 그 후 마음이 힘들고 무거울 때면 상담했다. 그분은 나에게 지혜롭게 살아가는 방법을 알려주었다. 내가 힘들 때마다 내 삶의 이야기를 다 들어주시고, 마음이 다치지 않게 길을 안내해주셨다. 인생을 살아가면서 이런 분을 만나는 것은 엄청난 행운이었다. 나는 이 만남을 소중하게 찾아온 행운으로 여기게 되어, 내 인생의 멘토가 되어주실 것을 요청했다. 그분은 나의 요청에 흔쾌히 허락해 주셔서, 나는 인복이 많은 것에 대해 감사했다. 이 일로 인하여 나도 누군가에게 이런 사람이 되도록 노력해야겠다고 생각했다.

그분은 인연에 대해 남다른 생각을 가지고 계시고, 불교 공부를 열심히 하는 분이셨다. 그분의 품성은 산골짜기에서 흐르는 물처럼 맑게 느껴졌고, 얼굴에는 늘 온화한 미소를 띠고 계신 분이다. 같은 여성이지만 그분의 인품과 지성에 내가 늘 작게 느껴졌다. 조금이라도 더 배우려고 찾아가면, 늘 한결같이 반갑게 맞이해주신다. 그래서 만나고 나오는 나의 발걸음은 늘 행복해진다. 그분과 좋은 인연이 조금씩 아름답게 익어가며 살아가고 싶었다. 누군가를 위해 마음을 열어주고, 어려움을 헤쳐나갈 수 있도록 돕는 일, 이것이 바로 멘토의 역할이다. 이렇게 멘티는 멘토로부터 받은 삶의 자양분으로 힘을 얻어 힘차게 살아가게 된다.

나의 직업은 주로 사람을 만나는 일이다. 그런데 수없이 사람들을 많이 만났음에도 불구하고, 아직도 사람에 대해서 잘 모른다. 오히려 많은 사람을 만나다 보니 마음의 상처도 잘 입는다. 이젠 어지간히 배짱도 있을법한데, 그렇지 못하다. 그럴 때마다 나는 멘토를 찾아가서 고민을 털어놓았다.

멘토에게도 쉽게 이야기할 수 없는 부분은 바로 가정사이고, 가정사 중에서도 부부 이야기이다. 처음에는 가정사 이야기를 한다는 것은 '누워서 침 뱉기'라고 생각하고 혼자 끙끙거리고 있었다. 그런데 벼랑 끝에 서게 될 때는 더 이상 견딜 수 없었다. 그리고 멘토에게 이야기를 다 털어놓으니 마음이 편안해지고 치유도 되었다. 고민을 털어놓는 것만으로도 마음이 한결 가벼워졌다. 살아가면서 마음에 안고 있는 불필요한 감정은 쓰레기통에 모두 버려서 마음 청소를 하며 살아가야 한다는 것을 알게 되었다. 감정 청소를 하지 않으면 마음이 시들어가고 몸이 병들어간다는 것도 깨닫게 되었다.

그분과의 상담을 통해 멘토의 중요성을 알게 되었고, 나를 더 사랑하며 건강하게 살아갈 힘을 그분으로부터 얻었다. 이제는 나도 누구에게든 정성을 다해 대하기로 생각했다. 마음이 아픈 사람에게 내가 먼저 다가가서 위로해 주고, 용기와 힘을 실어주는 것이다. 배움을 배움으로 끝낸다면 무슨 의미가 있겠는가! 실천하는 용기가 진정 멋진 삶이라는 것을 알게 되었다. 나에게 귀한 의미를 부여하며 삶을 살아갈 수 있도록 도와주신 나의 멘토님에게 깊은 감사의 인사를 드린다. 그분은 나에게 행운의 여신 같은 존재였다.

세상을 살아가려면 멘토가 필요할 때가 있다. 멘토의 힘으로 성장한 멘티가 또 다른 누군가의 멘토가 된다면 얼마나 아름다운 세상이 될까! 계절마다 변하는 금수강산도 아름답지만, 고운 사람들의 이야기로 아름답게 물들어가는 세상은 얼마나 더 아름답겠는가! 이런 세상을 만드는 멘토의 삶은 떠오르는 아침 해처럼 찬란하고 멋지다. 선은 늘 아름다운 꽃을 피우고 튼실한 열매도 맺게 할 테니까.

08

다양한
경험이 있는
맛있는 삶

나는 비빔밥을 좋아한다. 양푼이에 김치를 송송 썰어 넣고, 참기름 몇 방울 떨어뜨려 비비면 최고의 밥상이 된다. 임신했을 때 입덧으로 밥을 잘 먹지 못할 때, 직장에서 식당 아주머니께서 비빔밥을 해주셨다. 얼마나 꿀맛이었던지 지금도 그 맛을 잊을 수 없다. 비빔밥이 맛있는 이유는 재료가 다양해서이다. 다양한 재료들이 서로 어우러져 맛을 내기 때문이다. 그래서 여러 가지 음식 재료의 맛과 향을 느끼며 밥을 맛있게 먹을 수 있었다. 비빔밥이 다양한 재료가 어우러져 맛을 내듯 삶도 다양한 경험이 삶의 맛을 낸다고 생각한다.

대부분 사람은 대학 졸업 후 직장에 들어가면 정년퇴직할 때까지 한 직장에서만 일한다. 그러나 나의 삶은 다르다. 다양한 경험을 많이 해보았다. 대학생 때 빵집 아르바이트가 매우 좋아 보여, 빵집에서 일하면 빵을 실컷 먹을 수 있을 줄 알았다. 하지만 빵은커녕 물 한 잔도 편하게 마실 수 없이 바빴다. 손님이 왕이었고 종업원은 무조건 '예스!'를 해야 했다. 1주일 해보니 생각했던 것과는 너무도 달라, 더는 버틸 수 없었다. 결국 빵집에서 나오게 되었는데 1주일 치라도 일당을 계산해 주셨으면 좋으련만, 돈도 못 받고 나와 가난한 여대생은 더 초라해지고 있었다.

이번엔 레스토랑에서 저녁에 아르바이트를 했다. 주방에서 컵만 씻으면 된다고 하여 일하기 시작했다. 이곳에서는 돈가스와 함박스테이크가 잘 팔렸다. 레스토랑이다 보니 연인들끼리 돈가스를 먹으면서 맥주를 많이 마셨고, 와인도 제법 잘 나가서 씻어야 할 와인 컵도 많았다. 유리컵은 씻고 씻어도 립스틱 자국이 잘 지워지지 않았다. 그래서 컵을 깨끗이 씻지 못했다고 혼날 때도 많았다. 이 일도 더는 버틸 수 없어 한 달을 하고 그만두었다. 나는 '앞으로 무엇을 해야 하나?' 눈앞이 캄캄했다.

다음은 집안에서 사용하는 소비성 제품인 주방세제 방문판매를 했다. 더운 여름, 한 달간 땀 흘리며 집집이 방문하여 판매해 목표를 달성했다. 그런데 목표를 달성하면 받기로 한 돈을 안 주는 것이다. 나는 또 그만두어야 했다. 이 경험으로 하여, 세상이 온통 사기꾼들로만 가득 찬 것 같았다. '젊어서 고생은 사서도 한다.'라고 하지만, 세상에 대한 내 기대와는 너무 달리 세상은 돌아가고 있었다. 일하지 않고 돈을 달라는 것도 아니고, 더 달라는 것도 아니며, 처음에 약속한 대로 아르바이트비를 주면 되는데, 왜 속임수를 쓰면서 저렇게 살아갈까? 사람에게 신뢰를 주지 못하는 사업이 성공할 수 있을까? 그때 그 사장은 절대로 성공하지 못했을 것이라고 확언한다. 약하고 가난한 대학생이라고 함부로 하는 어른들의 행동에 무언의 눈빛으로 채찍을 주고 나는 돌아 나왔다. 지금은 노동청에 호소하여 해결할 수 있지만, 그때의 약자는 도저히 이길 수가 없었다. 이런 일로 인하여 아르바이트에 대한 좋은 이미지가 완전히 사라졌다. 그런데 얻은 것도 있다. 그 당시 억울하기도 하고 불만스러웠던 어른들의 행동으로 인하여 나를 더욱 단단하게 만들어준 것이다.

회사에서 일하면서 공동체의 중요성을 배웠다. 회사 제품이 여러 단계의 공정을 거쳐야 하나의 완성된 제품이 탄생하기 때문이다. 분야별로 각자 자기의 일이 있지만, 앞에서 일이 밀리면 서로 도와 균형을 맞추어 가며 일하게 된다. 이렇게 하여 일을 다 이루었을 때의 기쁨은 이루 말로 다 표현할 수 없다. 회사원들은 산업의 역군으로서 자부심을 느끼며 열심히 일했다. 그리고 점심때 식당에서 만나면 서로 "식사 맛있게 드세요."라고 반갑게 인사할 때, 우리는 한 식구처럼 느껴진다. 한집에서 사는 사람만 식구가 아니다. 같은 장소에서 매일 같이 식사하는 사람도 식구이다. 얼마나 소중한 사람인가! 세상의 그 많은 사람 중에 한 공간에서 몇 년씩 같이 일하고 식사하며 살아간다는 것도 대단히 의미 있는 일이다.

결혼하여 출산하고 선택한 일은 영업이다. 시간을 자유롭게 활용할 수 있어 아이를 위해 여러 면에서 도움이 됐기 때문이다. 일하면서 다양한 직종의 사람을 매일 만나다 보니 살아가는 다양한 경험을 들을 수 있어서 나로서는 간접경험을 많이 할 수 있었다. 살아가는 이야기를 들어보면 모든 사람의 이야기는 다 한 권의 책이었다. 성공한 사람들의 이야기부터 성공하지 못하고 늘 고생하며 힘들어하는 사람들의 이야기까지 다 내 이웃들의 이야기였다. 다양한 사람들의 땀내 나는 이야기는 나를 강하게 만들어주었고, 자수성가한 사람들의 이야기는 나의 열정을 끌어내어 주었다. 힘찬 응원의 박수를 보낸다.

영업일을 하는 나로서는 다양한 사람들을 만나기 위해 지역별 교육 프로그램에 참석하기 좋아했다. 대학교에서 진행하는 프로그램과 지역신문사에서 진행하는 기업 대표를 위한 프로그램에 가기도 했다. 나는 기업 대표는 아니지만, 대학교에서 강의할 때 강사로서 참석할 수 있었다. 그런데 교육 참석 자격이 있는데도 보험 일을 하는 직업은 입과가 까다로웠다. 한 기수당 한 명만 받는다고 했다. 교육받는데 사람을 차별하는 듯한 기분은 왜일까? 영업은 그 사람의 능력이지만 교육에 참석하는 것까지 이렇게 해야 하는지 의문이 생길 때가 많았다. 직업은 귀천이 없다고 했는데, 선입견을 품고 바라보는 시선은 늘 마음 한구석이 아팠다.

맛있는 음식을 먹을 때 행복해진다. 삶도 맛있게 살아간다면 얼마나 행복해질까?

그러면 어떻게 해야 맛있는 삶이 될까? 처음에 비빔밥 이야기를 한 이유가 바로 여기에 있다. 신선하고 다양한 음식 재료들이 어우러져 맛있는 비빔밥을 만들어 내듯 우리네 삶도 다양한 경험들이 행복을 만들어 낸다. 혹시 낮에는 직장에서 일하고, 밤에 또 아르바이트를 요일별로 두세 개 뛰고 있는가? 밤에 하는 아르바이트로 인해 스트레스를 많이 받고 있는가? 그런데 현재는 힘들겠지만, 인생의 행복을 가져다주는 좋은 경험으로 이어줄 것이며, 삶의 현장에서 다양한 경험을 하면서 일하는 즐거움과 행복을 가져다줄 것이다. 일할 때 그 당시는 잘 몰라도 훗날에 행복으로 이어지는 것들이 많다. '젊어서 고생은 사서도 한다.'라는 말이 괜히 나온 말이 아니다.

이젠 삶의 중간에 와 있다면 자신에게 행복을 만들어주길 원한다. 그것이 무엇이든 상관하지 말고, 내가 좋아하고, 하고 싶은 일을 하면서 행복 지수를 올리는 것이다. 1년 365일 열심히 일만 하지 말고 나에게 쉼을 주어보라는 것이다. 대부분 시간이 안 되어 못한다고들 할 것이다. 그러나 삶의 주체가 '나'여야 한다. 시간은 내면 되는 것이다. '쉼'을 통해 내 안의 나를 보면서 위로하고 사랑하는 것이다. 모두 자기 살기에 바쁘지만, 누구에게 의지하지 말고, 스스로 해보는 것이다. '그래 잘하고 있어, 훌륭해!'라고 내가 나를 칭찬하는 것이다. 이것도 나에게 못한다면 얼마나 가슴 아픈 일인가? 많이 지쳐 있을 때 큰 힘이 될 것이다.

누구나 가족이 있고 친구도 있다. 하지만 때로는 이 넓은 세상에 온전히 혼자인 것처럼 느껴질 때가 있다. 빈 껍데기 같은 인생을 살아가고 있는 것처럼 느껴질 때도 있다. 그런데 이런 것들을 잘 이겨내지 못하면 정신적으로 빈약해지고 우울해진다. 자신이 소중하고 가치 있는 사람임을 생각해야 한다.

나무의 나이테처럼 시간의 흐름에 따라 사람에게도 따라오는 것이 있다. 20대는 꿈과 야망, 30대는 책임과 의무, 40대는 귀로에 서서 방황도 해보는 시기, 50대는 서서히 내려놓게 되는 시기, 60대가 되면 해보지 못한 것에 대한 후회, 70대가 되면 다 필요 없고 건강이 최고라고 한다는 것이다. 돈이 많다고 성공한 것은 아니다. 자식 농사가 잘 안되었다면 무슨 의미가 있을까? 건강하지 않다면 또 의미가 있을까?

어떤 이는 성공에 관해 이렇게 이야기한다. "내가 이 세상을 위해 작은 일이라도 했다면 성공한 것이다."라고. "진정한 친구 하나 얻었다면 성공한 인생이다."라고. "가진 것 없지만, 부모님을 존경하고 부모님처럼 살고 싶다고 말한다면, 그 부모는 성공한 인생이다."라고.

인생의 성공은 각자가 추구하는 것이 다르므로 정답이 없다. 인생 문제는 시험지와는 다르다. 공부 잘한다고 다 성공하는 것이 아닌 것처럼, 오늘 지지리 궁상을 떠는 사람도 내일 희망을 품고 열심히 살아간다면 쥐구멍에도 해 뜰 날이 반드시 오게 된다.

어린 시절에 만났던 친구들을 어른이 되어 다시 만나보며 많은 생각을 했다. '분명, 저 친구는 성공할 것 같았는데, 그냥저냥 살고 있구나!'라고. '그저 그렇게 살 것 같았던 친구는 잘살고 있구나!'라고. 그러고 보면 알 수 없는 것이 인생이다. 중요한 것은 오늘을 소중하게 엮어나가야 한다는 것이다. 주변에 행복 바이러스를 전달하면서 즐겁게 살아가는 것이다. 스치는 바람에도 행복을 느끼고, 귓가에 은은하게 들리는 음악에 몸을 맡기며, 뜨거운 태양이 온종일 무엇을 하고 지는지를 생각해야 한다. 내가 오늘 주변에 어떤 영향을 주었는지 돌아본다면 다양한 경험의 양념이 어우러져 맛있는 삶이 되지 않겠는가.

고대 철학자 아리스토텔레스(Aristoteles)는 이런 말을 남겼다.

"행복은 우리 자신에게 달려 있다."

그렇다. 행복은 누가 가져다주지 않는다. 바로 나에게 달려 있다. 나는 오늘도 소박하지만 맛있게 살아가고 있다.

3장

바람이
있는 한,
구름은
멈추지 않는다

01

기차와
소풍

"소풍날 공부도 안 하는데 쓰잘머리 없이 학교는 뭣 하러 가냐!"

아버지는 소풍 가는 날은 공부하지 않으니 학교에 갈 필요가 없다고 했다. 소풍 대신 나는 온종일 동생들을 돌보아야 했다. 심통이 난 나는 어린 동생들에게 화풀이했다. 다리와 엉덩이를 꼬집어 울리곤 했다. 하지만 이번에는 무슨 일이 있어도 꼭 소풍을 가고 싶었다. 맛있는 도시락을 먹고 싶어서도 아니고, 보물을 찾아 선물을 받고 싶은 것도 아니었다. 하루에 서너 번 지나간다는 길고 긴 기차를 보고 싶어서였다. 학교 근처 제일 높은 산에 올라가면 기차를 볼 수 있는데, 소풍을 그 산으로 간다고 했다. 나는 아직 기차를 실제로 본 적이 없었다. 나의 상상 속의 기차를 꼭 보고 싶었고, 이미 마음은 설렘으로 가득 차 있었다. 아지랑이가 피어오르던 봄, 초등학교 3학년이 돼서야 첫 소풍을 갔다.

드디어 그날이 왔다. 온 가족이 함께 아침밥을 먹는 시간, 아버지에게 붙잡혀 소풍을 못 가게 될까 봐 아침도 거른 채 도망쳐 나왔다. 혹시나 뒤쫓아 오실까 봐 학교로 무작정 달렸다. 10리 길쯤 달리다 보니 벌써 배가 고팠다. 아침을 먹어도 학교 도착할 때쯤이면 배고플 나이였다. 교실에 도착하니 벌써 모여 있는 친구들 표정은 밝고 설렘으로 가득 차 있었다. 담임선생님도 하얀 모자를 쓰고, 치마 대신 바지, 구두 대신 운동화를 신고 있었다. 가슴에는 호루라기가 걸려 있었다. 친구들은 평소보다 옷도 예쁘게 입고, 각자 손에는 도시락을 들고, 얼굴엔 함박웃음을 짓고 있었다. 빈손으로 온 나는 친구들의 도시락 자랑을 들어야 했다. 학급 조회를 마치고 운동장에 전교생이 모였다. 교장 선생님의 훈시가 끝나자마자 고학년부터 출발했다. 신나게 노래를 부르면서 소풍 가자고 담임선생님이 말씀하시면서 호루라기로 출발 신호를 보냈다. 나는 배가 더 고플까 봐 노래를 부르지 않았다. 걷기 시작한 지 1시간 즈음 지났을 때, 우리는 목적지인 학교 인근 가장 높은 산 정상에 도착했다.

학년별 장기자랑이 한창인 가운데 선생님께서 갑자기 호루라기를 불었다.

"얘들아 기차가 지나간다."

아이들은 기차를 보기 위해 기차가 잘 보이는 장소로 앞다투어 달려갔다.

"우와! 기차다."

나는 마음껏 환호성을 질렀다. 끝없이 늘어진 기차를 보이지 않을 때까지 바라보았다. 말로 다 표현할 수 없는 뜨거운 무언가가 가슴 깊숙한 곳으로부터 올라오고 있었다. 저 기차는 어디로 가는 걸까? 기차는 오래 머물지 않고 목적지를 향해 달려갔다. 나는 기차를 본 것만으로 마음이 벅차오르고 신이 났다. 기차가 떠난 것에 관한 아쉬움을 뒤로 하고, 즐거운 장기자랑의 시간이 계속되었다. 보고 싶었던 기차를 보았으니 나는 시간이 빨리 가기를 기다렸다.

드디어 점심시간이 되었다. 현기증이 날 정도로 허기가 몰려왔다. 목이 마르다는 핑계를 대고 물을 얻어 마셨다. 그래도 차마 배고프다는 말은 할 수 없었다. 아침도 굶고, 점심도 굶었으니, 더는 참기 힘들었다. 모두 엄마가 싸준 맛있는 도시락을 먹고 있는데, 나는 아무것도 없었다. 큰 소나무 그늘을 찾아 바위 옆에 쭈그려 앉으니 계속 눈물이 흘러나왔다. 아무도 모르게 조용히 울고 있을 때, 어디선가 나를 부르는 소리가 들렸다. 친구들이 모여 있는 곳으로 가니, 친구들이 걱정하는 눈빛으로 내게 말을 건넸다. "점심은?" 난 괜찮다고 했다. 왜 그렇게 대답했는지, 지금 생각해보니 자존심 때문이었던 것 같다. 나는 소풍이 빨리 마치기만을 기다렸다. 보물찾기 시간도 지나고 드디어 소풍이 끝났다. 배가 고픈 데다, 집으로 가는 길은 낯설어 한없이 멀게 느껴졌다.

집에 도착하자마자 부엌으로 들어가 문을 잠그고, 찬밥 한 그릇을 떠서 시큼한 김치와 허겁지겁 퍼먹고 있을 때 아버지 음성이 들려왔다. 연장을 가지러 잠깐 들르신 모양이었다. 몹시 화가 난 목소리로 이렇게 말씀하셨다.

"이놈의 자식, 아비를 속이고 소풍을 가?"

들어오면 다리를 분질러버린다는 말씀도 들렸다. 나는 밥을 먹다 말고 뒷산으로 도망쳤다. 뒷동산에 있는 이름 모를 무덤 앞에서 한참을 앉아서 해가 지기를 기다렸다. 저녁이면 어머니가 집으로 돌아오실 터였다. 입안에서는 시큼한 김치 냄새가 배고픔을 더하게 했다. 나는 결심했다. 언젠가 오늘 보았던 기차를 타고 고향을 떠나야겠다고.

시간이 흘러 중학교 3년 졸업을 앞둔 어느 가을날, 난 정말 처음으로 기차를 타고 고향을 떠나 낯선 대구로 갔다. 나의 상상이 현실이 되어가고 있는 것에 전율을 느꼈다. 꿈꾸지 않으면 상상은 현실이 될 수 없다. 소풍 날 본 기차는 내가 꿈꿀 수 있도록 도와주었다. 그 꿈은 내 삶을 송두리째 바꾸어 놓았다.

해마다 새해가 되면 나는 공적·사적 목표를 세우고, 성취하는 모습을 그리며 이미지트레이닝을 한다. 작심삼일이 되지 않도록, 작은 수첩에 그려놓고는 수시로 열어 본다. 그렇게 하루 이틀, 한 달 두 달이 가다 보면, 일 년이 어느새 아쉬운 소풍처럼 가버린다.

소풍을 기다릴 때와 같이 설레는 삶, 하루를 설렘으로 시작한다면 얼마나 아름다운 삶인가!

그날 집에서 도망쳐 나와 첫 소풍을 갔던 그 용기는 아직도 내 기억 속에 생생하게 살아있다. 나는 인생을 소풍날을 기다리는 설렘처럼 살고 싶다. 두렵지만 용기 있게 도전해 보는 것은 값진 경험이 된다. 해보지도 않고 미리 겁부터 낼 필요는 없다. 고생도 실패도 해보아야 알게 되는 것들이 많다. 요즘 부모들은 자녀가 고생하는 것을 원하지 않는다. 무엇이든지 다 해주고 싶어서 못 견딘다. 자녀에게 경험할 기회를 주어야 하지 않는가. 고생이든 실패든 그것들이 자신을 단단하게 만드는 소중한 양분이고 기회인 것을 알게 해야 한다.

그때는 용기가 없어 배고프다고 말을 못 했다. 이젠 내가 먼저 마음으로 나누는 따끈한 밥 한 끼로 풍성한 소풍이 되길 상상한다. 박사보다 '밥 사'가 더 멋지다고 생각한다. 지금 어렵고 힘든 사람이 있다면 이 책이 조금 용기가 되었으면 하는 바람이다. 자주 가는 강둑길을 오늘도 산책하며 소풍 가듯 걸어간다. 바람이 기분 좋게 스치고 지나간다.

그렇게 완고하시고 일밖에 모르시던 친정아버지는 이제 86세가 되었다. 겨울나무처럼 앙상한 뼈만 남았다. 자식 6남매를 위해 온몸을 바치고 남은 건 아무것도 없다. 당신을 위해 그 무엇도 해본 적 없는 분이다. 인제 보니, 아버지의 인생 소풍이 너무나 불쌍하다. 나는 철없이 공부도 못 시킬 거면, 왜 자식만 많이 낳았느냐고 고등학교 진학을 못 했을 때 아버지께 퍼부었다. 그리고 나는 대구에 가서 돈 벌어 고등학교 갈 테니, 동생들은 아버지가 무조건 모두 고등학교에 보내라고 했다. 자식으로부터 그런 말을 들은 부모 마음은 어떠했을까?

내가 이제 부모가 되어보니 부모의 마음을 알게 되었다. 부모는 너무 연로해지셔서 여행도 싫어하시고, 드시는 것도 시원찮다. 치아가 없어 임플란트를 해드린다고 해도 마다 하신다. "내가 살면 얼마나 살겠냐?"라고 하시면서 절대로 안 하겠다고 하신다. 몸이 아프신데 병원 검사조차도 거절하신다. 몸은 연로해지셨는데, 당신의 고집은 여전하시다. 자식으로서 부모님의 삶을 들여다보아도, 또 인간적으로 보아도 부모님의 삶은 너무나 마음 아픈 소풍임은 분명하다. 나는 3학년 때의 소풍을 떠올리면 서운하기도 했지만, 부모님은 평생을 그렇게 사신 분이다.

누가 '인생은 잠시 왔다가는 소풍'이라고 했던가. 소풍이 이렇게 슬퍼도 되는가. 소풍은 원래 신나고 즐겁고 아름다운 추억이어야 하지 않는가! 나는 여태 가볍게만 생각해 왔던 '소풍'이라는 단어에 큰 의미를 부여하고 싶다. 친정에 갈 때면 즐거운 소풍처럼, 최선을 다해 아버지의 즐거운 인생 소풍을 만들어 드리려 노력한다. 언젠가는, 어느 날 갑자기 영영 돌아오지 않는 소풍을 떠나실지도 모르기 때문이다. 삶은 기다리는 소풍처럼 설레기도 하지만, 아프기도 한 날들이 이어지고, 다시 새로운 아침처럼 날마다 소풍 갈 준비를 하면서 살아가는 것이리라.

02

개척 활동이
영업의
꽃이다

 보험영업이 어려워서 못하겠다고 하는 사람들의 이유는, 지인이나 연고가 적거나 없어서이다. 대체로 1년 정도면 지인 계약이 끝나게 되고, FC들은 갈 곳이 없어지기 때문이다. 이런 현상을 방지하기 위해 미리 개척 활동을 해나가야 한다. 이 역할을 필드 지도장이 한다. 지인이야 두서너 번 방문하면 계약이 성사될 수 있지만, 개척은 적어도 일곱 번 정도 방문해야 성사될 수 있다. 개척의 7단계라는 교육 프로세스가 바로 그것이다. 즉 가망 고객 발굴 – 전화상담(만남 약속) – 초회 면담 – 정보수집 – 니즈 환기 – 상품 제안 – 계약체결 및 관리이다. 요즘이야 스마트 패드로 한 번에 모든 것을 해결할 수 있다. 정보 동의만 하면 현재 가입현황을 모두 알 수 있고, 보장분석도 바로 해줄 수 있어서 한 번에 해결된다. 개척 활동이 힘들지만, 새로운 가망 고객을 확보해 나가야 오래 일을 할 수 있게 된다.

지도장은 교육과 필드 지도장으로 나뉜다. 필드 지도장은 직역 시장(공단 지역)과 Area(지구)를 사원별로 나누어 주는데, 내가 필드 지도장을 할 때이다. 매일 교육한 후 세 명을 함께 데리고 나간다. 정해진 공단으로 나가 회사 대표님을 찾아뵙고 인사드린 후, 업무에 방해되지 않게 점심시간에만 활동할 수 있도록 양해를 구한다. 사원들을 한 명씩 차에서 내려주고, 맨 마지막 사원과는 동행하여 시범을 보여주고 혼자 활동할 수 있도록 도와준다.

이렇게 매일 돌아가면서 사원들과 동행한 뒤, 5시쯤 사무실로 들어와 매일 활동일지를 작성하여 매주 금요일이면 교육 과장님께 제출한다. 농사를 짓는 마음으로, 개인맞춤형을 준비하여 방문하면 개척으로도 계약이 성사되는 것을 경험하게 된다. 이렇게 계약이 성사되는 짜릿함을 맛본 사원들은 자신감이 충만해져 사례로 발표하고, 서로 승리(Win-Win)할 수 있도록 힘을 주고받는다. 누구나 시작할 수 있는 일이지만, 아무나 해낼 수 있는 일은 아니다. 개척으로 성공한 사람은 영업에 대한 두려움이 사라지고, 세상에는 열심히 일하는 사람을 인정해주는 사람이 많다는 것을 경험하게 된다. 그래서 더 성실하게 일하고, 노력하는 만큼 아름다운 성과로 이어진다는 것도 알아가게 된다.

매주 수요일에는 Area를 방문하는 날이다. 주택 및 상가 방문이다. 아파트는 경비원이 있는 곳은 방문이 어려워 아예 엄두도 내지 못한다. 아파트 입구마다 '잡상인 출입 금지'라고 붙어 있기 때문이다. 그러니 주택을 위주로 다니게 된다.

어느 추운 겨울날, 주택가를 방문하던 중 따뜻한 차를 주시면서 열심히 하라고 격려해주신 분이 계셨다. 이분으로 하여 얼어붙은 마음이 사르르 녹아내렸다. 따뜻한 마음은 감동과 함께 평생 기억에 남는다는 것을 이때 알게 되었다. 방문한 집을 나오면서 이분에게 신의 축복이 함께 하시길 기도했다. 또한 나도 저분처럼 따뜻한 마음을 늘 가져야겠다고 다짐했다. 모르는 누군가에게 대접받는다면 얼마나 감사하고 삶의 용기가 생기는 일인지 경험해 본 사람은 알 것이다. 따뜻한 세상을 느낄 수 있도록 베푸신 분이다. 시간이 지나면서 보니 많은 경험이 가르쳐준 덕분에, 나도 성장해갈 수 있었다. 혼자 살아가는 것보다 더불어 살아가는 모습이 얼마나 감동적이고 멋진 세상인가!

나의 성격은 매우 내성적이었지만, 영업하면서 외향적인 성격으로 변해갔다. 참 다행스러운 일이다. 일함으로써 정신적으로도 건강해지고 삶의 활기를 찾았다. 사람을 매일 만나다 보니 좋은 이미지를 주고자 외모도 단정하게 꾸미게 되었다. 그리고 다른 사람들의 살아가는 이야기도 들으면서 서로 공감하게 된다. 이 모든 것들 또한 나를 우물 안의 개구리에서 바깥세상을 볼 수 있도록 만들어주었다. 다양한 직업을 가진 사람들을 만나다 보니 정보도 많이 얻게 되었다.

이렇게 몇 달이 지나면 성과가 하나, 둘씩 나타나 사원들은 자신감을 얻고 직역과 Area 활동을 열심히 해서 성장해간다. 함께 성장할 수 있다는 것에 매력을 느끼고 일한 지 2년 후, 다시 교육 지도장으로 돌아오면서 나는 새로운 도전을 꿈꾸었다. 공부를 더 하고 싶어졌다. 일하면서 공부하려고 하니 쉽지 않았다. 게다가 나이도 있어서 더는 늦출 수 없었다.

이 회사에서는 지도장으로 일하면서 공부할 수 있는 여건이 안 되었다. 나는 회사를 그만두지 않고, 공부하기 위해서는 교육이 아닌 보험영업을 하는 FC로 전향하겠다고 교육과장님과 상담했다. 하지만 교육과장님은 안 된다고 했다. 나는 지금이 아니면 앞으로 공부할 기회를 영원히 놓칠 것 같아 사표를 내기로 큰 결심을 했다. 사직서를 제출하자, 3개월이든 6개월이든 쉬었다 오라고 했다. 몸이 아프다는 핑계를 대서 사직서를 냈기 때문이다. 물론 사표 수리는 안 해주었다. 나는 일하면서 공부해야 했기에 다른 회사로 영업하는 사원으로 입사해야 했는데, 사표 수리가 안 되어서 입사가 안 된다고 했다. 어쩔 수 없이 내용증명을 올려서 사표 처리를 얻어내고, 외국 보험사인 메트라이프 생명보험회사에 입사했다.

그동안 교육과 필드 지도장을 했기 때문에 고객이 한 명도 없었다. 교육과 필드 지도장을 하게 되면 계약을 할 수가 없게 되어 있다. 나는 이제 다시 개척해야 했다. 그동안 잘 배워 온 모든 것을 동원해서 영업에 매진했다. 다시 영업하게 되었다고 지인들에게 인사한 후, 지인들의 소개를 받아 일을 시작했다.

경주에 한 분을 소개받아 방문하게 되었다. 지인의 동생이다. 대구시에서만 일하다가 경주 분을 소개받으니 처음엔 갈까 말까 망설였다. 하지만 머리도 식힐 겸 한번 가보기로 했다. 경주는 처음으로 가는 길이었다. 한 시간 정도 소요되었고, 낯선 도시라서 인사만 하고 돌아오려고 했다. 점심시간에 회사에 방문했는데 1공장, 2공장이 있었고, 직원은 3천 명 정도였다. 나는 생각을 바꾸어 매주 화요일은 경주에서 승부를 걸어보자고 결심했다.

이번엔 나의 개척 영업이 이렇게 다시 시작되었다.

소개받은 그분은 매우 친절하고 안내를 잘해 주었다. 인상도 좋았을 뿐만 아니라, 성실해 보였다. 인사를 나누고 보험 컨설팅을 했는데 매우 만족해했다. 그 당시 외국 보험이 인기를 끌고 있을 때였고, 외국 보험상품의 선택 비율이 높아지고 있었다. 컨설팅 후 다행히 그분은 메트라이프 상품에 가입하여 나의 첫 고객이 되어주었다. 그리고 소개도 많이 해주어서 2000년 1월부터 지금까지도 거의 매주 경주에 가고 있다. 한 사람의 인연이 21년이라는 세월이 지나도 나를 경주로 가도록 만들었다. 지금은 건천, 영천, 경산으로 영업 활동지를 넓혀가며 영업하고 있다. 그동안 사원을 위한 교육과 필드 경험이 나를 일으켜 세워주었다. 소개가 많을 때는 1주일에 두 번씩 가기도 한다.

그리고 나는 하고 싶었던 공부도 시작하여 석사과정을 하면서 일을 해나가고 있었다. 매우 신이 났고 일도 재미있었다. 일하는 보람이 있었고, 한 학기가 지날 때마다 성취감이 생겼다. 보험회사에서 개척 활동하면서 내 인생도 개척해 나가고 있음에 흐뭇해졌다. 공부하면 할수록 내 영업에도 도움이 되었다. 전공이 재무관리였기 때문이다. 선진국의 보험시장과 우리나라의 보험시장을 공부해보니 많은 도움이 되었고, 앞으로도 공부할 수 있는 것이 많았다. 석사과정은 저녁에 공부하는 경영대학원이었는데, 2년 반이 걸리는 5학기였다. 대학원 활동도 열심히 했다. 부회장을 추천받아 역임하면서 또 많은 것을 배울 수 있었다. '배움은 끝이 없구나. 나의 빠른 결단과 선택이 옳았어!'라고 생각하니, 어깨가 으쓱해졌다.

대학교를 졸업하고 취업하고 나면, 대부분 직장 일에만 몰두하게 된다. 직장에 다니면 더 공부한다는 것을 잊어버리고, 일에 쫓기며 살아가게 된다. 돈이 없어서 못 하게 되는 때도 있고, 시간이 없어서 못 하게 되는 일도 있다. 그렇다면 공부를 안 하면 그만큼 돈이 모이는가? 그렇지도 않다.

공부하다 보면, 돈 쓸 시간이 없다. 집중력도 생기고 새롭게 도전하는 삶에 활기차고 성취감도 크다. 시너지효과가 나를 성장시켜 주고 있다는 것을 알게 된다. 나는 동료가 일이 힘들다고 하여 공부를 시작해보라고 권유했다. 그 친구는 내 말을 듣고 석사 공부를 시작하더니, 힘들다고 하면서도 어느 날 졸업식이라고 했다. 졸업한다는 친구의 말을 듣고 얼마나 기뻤는지 모른다. 일이 힘들 때는 새로운 방법으로 공부하기를 추천한다. 시대 변화에 따라 보험 상품도 수없이 바뀌어 가고, 변화 속도도 갈수록 빨라지고 있다. 그렇다 보니 FC들도 변화해야 하고, 변화하려면 공부해야 한다. 배우지 않으면 도태되는 것이다. 자기 모습이 해가 바뀌어도 똑같다면, 자신의 영업 형태가 변화가 없다는 것이고, 변화가 없다면 위태로운 것이다.

기업이 신기술 개발을 위해 투자하듯, 개인영업을 하는데도 자신에게 매년 어떤 형태로든 투자해야 한다. 오래도록 자신만의 실력으로 살아남기 위해서는 투자가 꼭 필요한 것이다.

그래서 나는 이왕이면 기업 대표도 만날 수 있고, 공부도 할 수 있는 곳을 찾아다녔다. 바로 CEO를 위한 교육 프로그램이다. 그 교육 프로그램에 참여한 사람들은 어렵게 성공한 사람도 있었고, 이제 막 시작한 사람도 있었다. 대표들이 이렇게 모두 공부하면서 노력하고 있다는 것을 알게 되었다. 보기 좋은 모습이었고, 모두 잘 되기를 응원했다. 그분들과 명함을 주고받으며 자연스럽게 인맥이 넓혀졌다. 나만의 개척 방법이 시작된 셈이다. 한 나라의 대통령도 세계를 무대로 영업한다. 영업이 얼마나 멋진 사업인가!

보험영업을 하는 FC는 개인과 한 가정의 재무와 보장을 컨설팅해주는 소중한 직업이다.

나는 내 직업을 사랑한다. 그리고 사명감을 가지고 일하고 있다. 모든 FC도 나와 같은 마음이리라 생각한다. 그래서 나는 이 땅의 FC들을 존경한다. 수많은 사람과의 만남에서 좌절과 갈등을 이겨내고, 자신만의 인생을 개척해 아름다운 꽃을 피워 나가기 때문이다.

03

시작이
반이다

어릴 적 시골에서 자란 나는 어른들이 이야기하는 것을 곧잘 듣게 되었다. 그중 기억에 남는 한마디가 있었는데, 이해가 잘 안 되는 말이었다. '시작이 반이다.'라는 말이다. 어떻게 시작이 반이 될까? 말도 안 되는 이야기를 하신다고 혼자 웃었다. 시간이 지나면서 알게 된 일, 어른들의 말씀은 하나도 어긋나지 않았고 언제나 옳은 말씀이었다. 나는 어떤 일에 관해 할까 말까 고민이 될 때마다 이 말을 가슴에서 꺼내어 그래 '시작이 반이다.'라고 혼잣말로 하고 과감하게 일을 벌였다.

그렇게 시작한 일이 보험영업을 33년하게 되었고, 늦은 나이(45세)에도 불구하고 석사과정을 공부하게 되었고, 내친김에 박사과정까지 마치게 되었다.

말 그대로 시작이 반이어서 모든 과정을 다 마칠 수 있었다. 시작도 하지 않고 '못 한다. 안 된다.'라고 하는 사람들이 많다. 꼭 하고 싶은 것이 있다면, 우선 발부터 들여놓으라고 진심으로 말해주고 싶다. 중도에 포기할지언정 걸어간 만큼은 남아있지 않은가!

아이들 뒷바라지하기도 바쁜데, 늦은 나이에 무슨 공부를 하느냐고 말하는 사람도 있었다. 그러나 내 생각은 다르다. 부모의 책임은 아이가 잘 성장하도록 도와주고 경제적인 뒷받침을 해주면 된다. 아이들을 키우면서 공부하는 것이 벅차기는 하지만, 핑계가 될 수는 없다. 부모가 열심히 사는 모습을 보이면, 아이도 더 열심히 공부하는 것을 나는 경험했다. 살아가는 부모의 모습이 자녀에게 거울이 된다고 어른들이 말했다. 말로 백번 공부하라고 하는 것보다, 부모가 공부하는 모습을 보이면 당연히 거울처럼 따라 하게 된다. '백문이 불여일견(百聞 不如一見)'이라는 말이 이때 사용하는 것이리라.

늦게 시작한 공부, 밤새는 줄 모르고 피곤한 줄도 모르고 집중하여 공부했다. 이렇게 공부하면서 느낀 것은 날마다 희망찬 새로운 날이 시작되고 있다는 것이었다. 어떤 일에 새롭게 도전한다는 것이 이렇게 신나는 일이며 소중한 일이라는 것을 늦게서야 깨달았다. 잠자는 시간도 아까웠고 밥 먹는 시간도 아까웠다. 희망을 품고 살아간다는 것이 이렇게 감동적인 삶이 되는 줄을 이때 알았다. 그래서 모든 일이 소중하게 느껴졌고, 더 넓은 세상을 바라보게 되었다.

늦게 시작한 공부가 내 인생을 바꾸어놓을 만큼 큰 변화를 기대하지는 않았다. 그저 공부하는 자체만으로도 행복했다. 그런데 기대 이상으로 나를 더 열정적으로 살게 해주었다. 일해도 기쁘고, 공부하니 더 기쁘며, 사람들 만나는 것도 자신감이 생겼다.

배운다는 것이 이렇게 설레는 일이었던가? 초등학교 때 나는 성적이 좋지 않았다. 공부에는 관심이 그다지 없었기 때문이다. 수업을 마치면 늘 집에 가서 동생들을 돌보아야 했고, 청소하고 빨래하며 나에게 주어진 집안일이 많았다. 맏딸이어서 어쩔 수 없었다. 이렇게 귀가 후에는 책 볼 시간 없이 동생들을 돌보고 집안일을 거들어야 했다. 내가 이렇게 맏딸로 태어난 것에 순응하고, 부모님 말씀에 늘 순종했다.

그러나 중학생이 되어서는 조금 달라졌다. 나도 공부가 하고 싶어졌다. 하지만 집안 여건상 나는 중학교까지만 다녀야 했다. 고등학교도 가고 대학교도 가고 싶었다. 나는 포기하지 않고 어떻게 해서든 못한 공부를 하고 싶었다. 공부에 한이 맺힌 것처럼 오직 공부가 하고 싶어졌다. 포기하지 않고 천천히 공부하다 보니 이제야 나에게도 기회가 찾아왔다. 기회가 왔으니 어찌 소중하지 않겠는가!

영남대학교 경영대학원 석사과정 합격 소식을 들었을 때, 세상을 다 얻은 듯한 기분이었다. 대학도 아닌 대학원 석사과정에 합격했으니 새로운 제2의 인생을 살아가는 것 같았다. 열심히 배우고 익히니 마음이 부자가 되어가고 있음을 느꼈다. 알에서 깨어나 세상을 접하고 있는 듯했다. 그동안 살아온 인생은 우물 안의 개구리처럼 느껴졌다. 일하면서 배운다는 것은 힘든 일이지만, 누구에게나 가능하기에 감히 추천한다. 젊어지고 행복해지려면 배움을 놓지 말아야 한다. 많은 사람이 여러 가지 핑계로 배움을 놓고 살아가지만, 절대로 배움의 끈을 놓지 않고 살아갔으면 한다. 배움은 자신을 발견하도록 돕고 무한한 행복도 가져다주기 때문이다.

즐거운 시간은 빠르게도 지나간다. 어느덧 석사과정을 마칠 때쯤, 또 한 번의 고민이 생겼다. '박사과정을 할 것인가 말 것인가?'이다. '내가 박사과정을 해봤자 뭐가 달라질까?'라고 생각했다. '10년 후에 후회하지 않을 자신 있으면 하지 말고, 후회할 것 같으면 지금 시작이야.'라고 자문자답했다. 이왕 여기까지 왔으니 다시 한번 '시작이 반이다.'라고 생각하면서 결심했다.

박사과정 면접을 준비해 면접시험을 보러 갔다. 한 교수님이 이렇게 말씀하셨다.

"당신이 김연아인 줄 알아요? 착각하는 것 같은데요."

나는 "당연히 김연아가 아닙니다."라고 했다. 말인즉, 나이도 많이 먹었는데 젊었을 때처럼 공부가 호락호락하지 않다고 이야기하고 싶은 것이다. 나는 "각오하고 왔다."라고 했다. 결국은 합격하여 박사과정 1년을 공부했다.

그런데 나의 계획과는 달리 휴학하기로 했다. 공부하기 싫어서도 아니고,

공부가 어려워서도 아니다. 이유 없이 낙제점을 받았기 때문이다. 제가 이해할 수 있도록 설명해 달라고 했다. 그런데 설명해주지도 않고 전화도 받지 않았다. 나는 이 학교가 싫어졌고, 이런 인성을 지닌 교수에게 박사과정 공부를 하고 싶지 않았다. 휴학하면서 다른 학교를 알아보았다. 그 학교는 그동안 공부한 것의 학점 인정과 함께 가능하다고 했다. 나는 고민을 더 해 보기로 했다.

그러던 어느 날, 석사과정 때 나를 열심히 하는 학생으로 보아주시던 교수님의 전화가 왔다. 이분은 전공이 서비스 운영관리로, 휴학한 나의 소식을 어떻게 알고 전화를 주신 것이다. 전공을 바꾸어 계속 공부를 하라는 것이다. 처음엔 같은 학교이고 낙제점을 준 교수와 마주치기가 싫어서 정중하게 거절했다. 그러자 석사과정을 밟고 있는 다른 후배들이 같이 공부하자고 전화가 왔다. 나는 오랜 고민 끝에 전공을 바꾸어 공부하기로 했다. 다시 시작되는 박사과정이었고, 전공이 달라서 또 다른 신선함을 내게 안겨주었다. 교수의 역할이 얼마나 중요한지를 뼈아프게 얻어 가는 경험이었다.

나는 당당하게 박사과정을 수료했다. 논문을 작성하여 예비 발표도 했다. 그러나 지도교수님이 명예퇴직하셔서 지도교수님이 새로 배치되었다. 문제는 논문을 처음부터 다시 써야 한다는 것이었다. 나는 논문을 포기했다. 여기까지 온 것만으로도 만족했다. 논문이 없다고 해서 내 인생이 달라지는 것도 아니고, 논문이 있다고 하여 달라지는 것도 아니다. 그저 나는 배움의 끈을 놓지 않고 나의 한계를 극복했다는 것에 의미를 두고 싶었다. 지금도 후회하지 않는다. 그 이유는 박사보다 나의 삶의 방향에 가치를 더 부여하기 때문이다.

'시작이 반이다.'라는 말은 나의 인생에서 큰 힘이 되어주어 도전정신을 갖게 했다. 한 번 왔다가는 인생에서 나는 얼마나 도전을 해보았는가? 스스로 질문을 해볼 필요가 있다. 작은 것부터, 할 수 있는 것부터 하나씩 도전해 본다면, 다양한 경험과 성취감으로 자기 삶이 건강해지리라고 믿는다.

다음은 작가 마크 트웨인(Mark Twain)이 남긴 말이다.

"앞서가는 방법의 비밀은 시작하는 것이다. 시작하는 방법의 비밀은 복잡하고 과중한 작업을 할 수 있는 작은 업무로 나누어, 그 첫 번째 업무부터 시작하는 것이다."

04

2010년
대학 강단에
서다

　박사과정 두 번째 학기를 하고 있을 때였다. 대구에서 유명한 영진전문대학교에서 강의 섭외가 들어왔다. 야간대학생들에게 하는 강의로, 나의 강의 경험을 물었다. 직장에서 교육 지도장을 6년 정도 하면서 강의했던 것이 큰 도움이 되었다. 교육 지도장의 경험이 이렇게 요긴하게 쓰일 줄은 몰랐다. 나는 그렇게 대학 강의를 시작하게 되었다. 직장 일을 마치고 대구에서 현풍까지 30분 정도 운전하고 갈 때면 어두워졌다. 강의는 6시 30분에 시작되었다. 강의를 마치고 집에 돌아오면 11시였다. 힘은 들었지만, 나도 일하면서 야간대학을 다녔기 때문에 더 애정을 쏟았고 보람도 컸다. 온종일 힘들게 일한 후 야간 학교로 발길을 옮기는, 배움의 끈을 놓지 않은 친구들이 사랑스러웠다. 일을 마치고 현풍으로 달려가 학생들의 반짝이는 눈과 환한 얼굴을 보면 행복했다. 꿈과 희망을 가득 안고 살아가는 모습을 보면서 과거의 내 모습과 마주하는 것 같았다. 혹, 저녁도 못 먹고 오는 친구들이 있을 것 같아서 간식을 준비해 가기도 했다. 나의 꿈이 이루어진 것이다. 천천히 그리고 성실하게 포기만 하지 않고 앞을 향해 나아가다 보면, 꿈은 어느 날 갑자기 이루어진다는 것을 알게 해준 경험이었으며, 내 인생에서 큰 행운이었다.

나는 학생들에게 필요한 것이 무엇인지, 듣고 싶은 말이 무엇인지 알고 있었다. 나도 그렇게 어렵게 공부해 왔기 때문이다. 나에게 박사과정 면접 때 상처를 준 그분을 보면서 나는 깨달았다. 적어도 학생들을 가르칠 준비가 되어 있는지, 무엇을 가르쳐야 하는지 알 수 있었다. 교수의 실력도 중요하지만, 인성이 더 중요하다는 것을 알게 되었다. 어느 학교에서 어떤 과목을 가르치든 지식보다 더 중요한 것은 배려와 존중이라는 것을 크게 깨닫게 되었다. 그 학생 중에는 2년의 전문대학 과정을 마치고 다시 편입해서 공부하는 학생들도 꽤 많았다. 배움은 왕도가 없지 않은가. 그때의 제자가 학사를 마치고 또 석사 및 박사과정을 마친 후, 대학에서 강의하는 교수도 있다. 한 번씩 통화하면 기분이 좋아지고 마음으로 늘 응원한다.

한마디의 말이라도 남의 가슴에 상처로 남는 말을 해서는 절대 안 된다. 더욱이 교육자라면 더 그렇다. 그 상처가 얼마나 아픈지 말한 사람은 잘 모른다. 나는 처음에 박사과정을 재무관리로 했지만, 휴학하고 1년 후 서비스 운영관리로 전공을 바꾸어 박사과정 수료를 했다. 그사이 나는 현풍이 아닌 대구에 있는 캠퍼스 관광과에서 강의하게 되었다. 관광과는 서비스 운영관리와 밀접한 관련이 있었고, 피플 스마트라는 리더십 강의를 하게 되었다. 이 강의는 주입식보다 참여식 교육이었고, 나를 먼저 알고 상대방을 알아가는 교육 프로그램이었다. 이 프로그램은 학생들이 대학 시절을 보낼 때 사람들을 폭넓게 알아가는 데 도움이 되고, 졸업 후에는 직장에서 선후배 간의 인간관계를 잘 형성해 갈 수 있도록 돕는다. 직장생활을 오래 버티지 못하는 이유가 일이 힘들어서가 아니라, 인간관계가 어려워서라는 것이다. 이렇게 인간관계의 어려움으로 직장을 그만두는 비율이 높다는 통계가 있다.

나는 대학에 다닐 때 직장도 다니면서 공부했기 때문에 낭만이나 추억이 별로 없었다. 그래서 나는 교수가 되었을 때는 주말에 학생들과 함께 산에 가기도 했다. 팔공산을 등산하는데 비가 와서 흠뻑 젖은 채로 집에 오기도 했다. 합천에는 멋진 가야산이 있는데, '만물상'이라는 코스가 있다. 다양한 바위가 많아서 '만물상'이라고 하는데 오랫동안 공개되지 않은 코스로, 공개되자마자 학생들과 변진용 교수님도 같이 등산했다. 매우 아름다운 코스였다. 등산을 좋아하는 나는 어느 산을 가든, 산이 아름다워서 고마운 마음을 갖게 했다. 등산의 목적은 학생들과 좋은 추억을 남기고 싶어서이다. 등산할 때의 즐거움이 아직도 생생하게 떠오른다. 시간은 되돌릴 수 없지만, 추억은 되살릴 수 있어서 시간 속으로 여행하게 된다. 소중하고 아름다운 추억을 시간을 내어 많이 쌓아두면, 훗날 과거 속으로 여행할 일이 많지 않겠는가!

대학에 다닐 때 중년의 여교수님이 있었다. 본인도 어렵게 공부해서 대학 교수가 되기까지의 과정을 이야기해 준 적이 있었다. 우리에게 열심히 공부하면 꿈이 이루어진다는 메시지를 전달하고 싶어서 하시는 말씀이려니 하고 염두에 두지 않고 지나쳤다. 그런데 언젠가부터 막연하게 '나도 대학교수가 될 수 있을까?'라는 생각이 드는 것이다. '그 자리는 아무나 서는 것이 아니다.'라는 생각도 들었지만, '너도 할 수 있다.'라고 스스로 채찍질했다. 박사과정을 시작할 때만 해도 바쁘고 정신없었는데, 어느 날 갑자기 행운이 '짠'하고 나타나듯 나에게 나타났다. 고흥 시골 촌놈이 대구에 와서 살아가기도 버거울 때가 많았는데 대학교에서 강의를 하게 된다니!

부모님께 제일 먼저 이 기쁜 소식을 전했다. 부모님은 매우 좋아하셨고 장하다고 하셨다. 동생들도 모두 좋아하고 진심으로 축하해주었다. 맏딸로서 무언가 해낸 것 같아 나 스스로 어깨가 으쓱해졌다. 앞으로 더 열심히, 겸손하게 살아야겠다고 생각했다. 이렇게 여기까지 나 혼자의 힘으로 온 것이 아님을 안다. 주변의 많은 사람의 도움과 격려가 있었음을.

그래서 더 열심히 일하고 강의도 성실하게 하였다. FC 일을 하면서 대학 강의를 하는 사람은 드물 것이다. 나만의 특별한 삶에 자랑스럽게 생각했다. 내가 이 일을 선택한 이유가 바로 이것이다. 일하면서 자기 계발을 할 수 있는 자유로운 시간이 있다는 점이다. 그런 면에서 본다면 나는 제대로 FC 일을 잘 선택했고, 의미 있는 삶을 살아온 것이다. 필자는 나의 일을 사랑하고 사명감으로 하며, 또한 고맙게 생각한다. 나는 다시 태어나도 이 일을 선택할 것이다.

　대학 강의가 좋은 점은 한 학기가 끝나면 방학이 시작된다. 그러면 마음의 여유가 생겨 일에 더 집중하게 된다. 하지만 어려운 점은 시험이 끝나면 점수를 매겨 입력해야 하는 작업이다. 냉정하게 점수를 매겨 입력하고 나면 학생들로부터 전화가 온다. 장학금을 핑계로 학점을 수정해 달라고 한다. 나는 미리 출석점수에 관해 메모하고 정리해 둔 내용을 설명해주면 이해하고 받아들인다. 나는 설명도 없이 낙제점을 받은 아픈 기억이 있었기에 더 철저하게 채점하고, 학생들에게 공평하게 했다. 그리고 강의 첫날 학점 점수관리에 관해 설명했다. 나는 내가 겪었던 가슴 아픈 일을 내가 가르치는 학생들은 겪게 하고 싶지 않았기 때문이다. 좋은 일이든, 좋지 않은 일이든 세상에 공짜는 없다. 나에게는 아픈 그 사건 또한, 내 인생 공부라고 생각하게 되었다.

　대학 강의를 5년쯤 했을 때 어느 날, 박사과정 때 나에게 도움을 주었던 선배의 전화가 걸려 왔다. 늘 열심히 살아간다고 용기도 주고 격려해주었던 선배였다. 박사학위를 받고 2년간은 대학 강의를 했는데, 요즘은 강의할 자리가 없다고 했다. 그 선배는 미혼이었고 나이도 젊었다. 어렵게 공부해서 이제 활짝 피어나야 할 청춘인데 강의할 곳이 없다니. 나는 갑자기 한 대 얻어맞은 느낌이었다. 나는 당당하게 나의 일이 따로 있고, 대학에서도 강의하는 것이 '남의 자리를 내가 빼앗은 것은 아닌가?'라는 생각에서였다. 젊은 청춘들이 저렇게 힘들어하고 있는데……

나는 결심했다. 대학 강단에서 5년 정도 강의했으면 잘한 것이고, 내가 하던 보험 일에 집중하기로 했다. 그래야 세상이 공평할 것 같았다. 아쉬움도, 후회도 없이 나는 그렇게 대학 강단에서 내려오기로 했다. 그리고 곧 실행으로 옮기니 마음이 편하고, 일에 집중하다 보니 더 많은 성과를 낼 수 있었다. 나는 역시 이 일이 나에게 어울린다는 것을 알게 되었고, 다시 한번 더 이 일의 소중함을 알게 되었다. 덕분에 평생 할 수 있는 이 일을 더 사랑하게 되었다. 그해 2016년에는 회사에서 전체 15등을 하게 되었다. 포상으로 회사에서 보내주는 하와이 여행도 할 수 있는 행운을 얻었다. 그동안은 내가 공부할 수 있고, 내가 발전해갈 수 있으면 그것으로 만족했었다. 이제는 또 다른 꿈을 가져본다.

대학 강단에서 강의하는 것도 좋지만, 이제는 이 세상 어디든지 대학 강단이라고 생각하며 사람들과 소통하려 한다. 강의를 잘하려면 경청을 잘해야 한다. 어떤 마음으로 경청하느냐에 따라 결과가 달라지기 때문이다. 앞으로 나는 경청하는 법을 더 많이 배우려고 한다.

미국의 정치인 딘 러스크(Dean Rusk)는 이런 말을 남겼다.

"상대를 설득할 수 있는 최고의 방법은 그의 주장에 귀 기울이는 것이다."

05

끌어당김의
법칙

나는 중학교 졸업 후 친구를 볼 기회가 없었다. 졸업 전에 대구로 왔고, 친구들은 각자 서울, 광주, 부산, 순천에서 살고 있다고 이야기만 듣고 있었다. 그런데 학교 다닐 때부터 늘 걱정되는 친구가 한 명 있었다. 1학년 때 같은 반 친구이다. 그 친구는 건강이 좋지 않아 결석을 자주 했다. 한번은 한 달 정도 학교에 오지 못해서 우리 반 전체가 병문안하러 간 적이 있었다. 물론 벌교에서 벌량까지 걸어서 갔다. 벌량은 행정구역상 순천시로, 벌량까지 20리 넘는 길을 걸어서 갔다 왔다. 힘들었지만 그 친구가 빨리 낫기를 바라는 마음으로 모두가 다녀왔다. 졸업 후 한 번도 볼 수 없었던 그 친구는 지금 어떻게 지내고 있을까? 건강은 괜찮겠지? 나도 모르게 가끔 그 친구가 궁금하기도 했다.

그러던 어느 날, 나는 부산에 갈 일이 있었다. 상주에 사는 고객이 부산에 사는 어머님을 위해 보험에 가입해 드려야겠다고 해서 대구에서 열차를 타고 출발하여 오전 10시 정도 부산에 도착했다. 나는 낯선 지하철을 타고 약속 장소로 이동하고 있었다. 지하철 안에서 손잡이를 잡고 가고 있는데, 어렴풋이 중학교 때 그 친구 같은 사람이 있었다. 나는 설마 아니겠지 하면서도 조심스럽게 다가가서 "실례지만 혹시 이순예 씨 아니세요?"라고 물었다. "아닙니다."라고 단번에 대답했다. 나는 "네! 실례했습니다."라고 하고 물러났다. 그런데 30년이 지났지만 아무리 봐도 얼굴형이며 눈매가 그 친구가 확실하다는 느낌이 들었다. 나는 다시 다가가서 물었다. "혹시 벌교 제일 중학교 나오지 않았어요?" 그러자 "맞는데요."라고 했다. "나 송추향 인데 모르겠어?"라고 하자, 그때야 "어머! 반갑다, 친구야!"라고 했다. 우리는 가던 길을 잠시 멈추고 지하철에서 내렸다.

지하철 안에서는 많은 사람의 시선으로 인하여 마음껏 반가워할 수 없었다. 우리는 그제야 서로를 알아보고 얼싸안았다. "그렇지 않아도 가끔 너 생각났어. 잘 지내고 있었어?" 반가운 표현은 이제 뒤로 하고 할 이야기가 너무 많았다. 하지만 우리는 둘 다 각자 약속이 있어 약속 장소로 가던 길이었기 때문에 일부터 하고 다시 만날 것을 약속하며 헤어졌다. 그리고 일을 마친 후, 우리는 다시 오후 3시쯤 만나서 차 한잔했다. 30년 만의 만남이었다. 알고 보니 이름이 한순예였다. 그런데 내가 실수로 '이순예'라고 해서 아니라고 했다고 한다. 그렇게 우리는 만났고, 그 친구 덕분에 중학교 친구들의 소식을 들게 되었다. 나는 일찍 대구로 와서 중학교 친구들과 연락이 끊긴 상태였다. 하지만 늘 친구들이 보고 싶었다. 세월이 흘러 각자 결혼하고 아이의 엄마가 되어, 그것도 부산 지하철 안에서 친구를 만난 것은 나에게 큰 행운이었다. '세상에 이런 일이'였다.

그 후 나는 오랫동안 잊고 살았던 중학교 친구들에 대해 한 명씩 소식을 듣게 되었고, 인원이 늘어나 열 명이나 되었다. 부산에 사는 친구 세 명, 광주에 사는 친구 세 명, 순천에 사는 친구 세 명, 그리고 대구는 나 혼자였다. 이렇게 열 명이 다시 모이게 되었고, 우리는 그 후부터 지금까지 1년에 두 번 만남을 가졌다. 각자 거리도 멀리 떨어져 살고, 대부분 직장생활을 하고 있었다. 10대에 학교에서 만난 단발머리 여학생들이 40대 중년이 되어 있었다. 우연히 만난 친구 한 명 덕분에 중학교 친구들을 만날 수 있게 되었다.

사실, 나는 중학교 친구들이 많이 보고 싶었다. 졸업을 3개월 앞두고 나는 대구로 취업하기 위해 먼저 올라왔기 때문에 연락할 수 없었다. 지금처럼 휴대전화기도 없었다. 친구들이 어디에서 어떻게 살아가고 있는지 궁금할 때가 많았다. 나로서는 알 방법이 없었다. 어쩌면 그동안 나 살기에 바빠서 잊고 살았는지도 모른다. 하지만 보고 싶었고, 어떻게 변했는지 궁금해하고 있는 터였다.

《시크릿》 책에는 '끌어당김의 법칙'이라는 것이 있다. 《시크릿》 책을 열 번 정도 읽었는데, 세 번 읽으니 이해가 되었다. 마음이 복잡할 때 꺼내 읽는 책이다. 이 책을 통해서 나는 끌어당김의 법칙을 이해하고 많은 경험도 했다. 마음에 염원을 담아서 정성으로 기도하면 그 기운이 나에게 끌어 당겨오는 비밀의 힘 같은 것이다. 부산 지하철 안에서 친구를 만난 것은 나에게는 큰 의미가 있었다. 그 친구의 건강을 늘 걱정하면서 보고 싶었는데, 나에게 확인이라도 시켜주듯 건강한 모습으로 '짠'하고 나타나 주었다. 이렇게 신기한 일이 일어나다니! 기적을 만난 것이다.

삶이 기적처럼 느껴졌다. 이 기적 같은 삶을 감사하면서 살아야 한다는 생각이 뼛속까지 파고들었다. 가끔은 한없이 작게 느껴지는 내 삶이었고 힘들 때는 보잘것없는 지난 날들이기도 했지만, 이런 기적 같은 날도 내게 올 수 있다는 것을 전혀 생각도 못 하고 있었다. 내일을 알 수 없어서 더 큰 행복이었을까! 나는 친구를 만난 이후부터 내 마음은 중학생처럼 느껴졌다. 마음은 하늘을 날고 있었고 무엇인지는 알 수 없으나 새로운 희망이 가득 차 있었다.

광주에 사는 친구에게 전화도 해보고, 부산에 사는 친구에게도 전화했다. 반갑게 안부를 물으며 전화하면 30분이 넘게 통화했다. 3년의 짧은 중학교 학창 시절이었지만, 이제는 말없이 가버린 30년의 이야기를 어찌 한 번에 다할 수 있으리. 파릇파릇한 중학생이 이젠 중년의 여인이 되어 있는 모습이 어떻게 변했을까 생각하니 설렘과 기다림으로 다가왔다. 우리는 다 같이 한번 만나기로 약속했다.

첫 만남을 순천에서 하기로 했다. 광주에 사는 친구들은 세 명이 함께 오고, 부산에 사는 친구들도 함께 온다고 했다. 나는 대구에서 혼자 운전해서 갔다. 마음이 두근거리고, 설레고 있었다. 단발머리 여학생, 학교에서 교복을 입은 모습만 보았는데, 어떻게 변한 모습으로 나타날까? 혼자 음악을 들으며 상상의 날개를 펼치면서 순천으로 가고 있었다. 예쁘게 보이고 싶은 마음에 자꾸 차 안의 룸미러를 보게 된다. 만나면 무슨 이야기부터 할까? 결혼에 관한 이야기부터 할까? 아이들 이야기부터 할까? 나 혼자 상상의 나래를 펴고 있었다.

긴장과 설렘으로 드디어 순천 약속 장소로 갔다. 한 번에 모두 알아볼 수 있었다. 머리 모양이 바뀌고 복장이 아줌마 복장으로 바뀌었어도 얼굴은 여전히 중학교 여학생의 모습이 남아있었다. 얼싸안고 반갑게 인사를 나누고, 식사하러 갔다. 음식이 눈앞에 있어도 먹을 생각은 안 하고 계속 이야기한다. 끝이 없는 이야기보따리를 풀어 놓은 듯 시간 가는 줄 모르고 즐거운 대화를 나누었다. 마음이 따뜻해지고 때로는 가슴이 먹먹해지기도 했다. 1박 2일을 우리는 웃다, 울다 그렇게 시간을 보냈다. 반가워서 웃고, 만남에 기뻐서 울고, 학창 시절 이야기에 또 울고, 무서운 호랑이 영어 선생님 이야기에 까르르 웃고, 자상하신 국어 선생님 이야기에 울고, 마음만은 다시 중학생임이 틀림없었다. 지나간 시간은 왜 모두 소중하게 느껴질까?

그때는 왜 몰랐을까? 아름다운 추억이 있는 과거 속의 행복한 시간을 지금 꺼내어 함께 할 수 있으리라는 것을. 마음이 건강해지고 있었다. 친구들의 소중함을 알게 해준 잊을 수 없는 첫 만남이었다. 그 후로 계속 우리는 만나고 있다. 최근 코로나로 인해 만남을 잠시 멈췄지만, 전화로 서로 안부를 묻곤 한다. 이제는 시간이 10여 년이 지나다 보니 손자, 손녀 이야기가 빠지면 안 된다. 만나면 손자, 손녀 자랑하기 바쁘다. 카톡 프로필에도 모두 손자들이다. 이젠 중년을 넘어 할머니가 되어가고 있는 친구들이 많다. 10년 전, 만날 때만 해도 자녀들 이야기로 이야기꽃을 피우더니 이제는 손자, 손녀 이야기다. 세월이 계곡의 물처럼 빠르게 흘러가는 것이 보인다.

내 삶을 건강하게 해준 친구들이 있어 나는 복이 많은 사람이다. 특히 중학교 친구들은 더욱 그렇다. 친구들과 일찍부터 헤어져 그만큼 오랜 기간 볼 수 없어서 더욱 그럴 수도 있다. 잊고 살았던 친구들이라고 생각했는데, 잊은 게 아니라 내 기억 속에서 늘 함께하고 있었기에 만날 수 있었다고 생각한다. 가끔 보고 싶은 사람이 있으면, 만나고 싶은 사람이 있다면, 지금 바로 연락해서 차 한잔해도 좋을 듯하다. 이 만남의 시간이 최고의 황금 시간이기 때문이다.

나는 《시크릿》의 '끌어당김의 법칙'을 이제는 이해할 수 있다. 이루고자 하는 것이 있다면, 원하는 것이 있다면 끌어 당겨보라. '나는 무엇이든 바꿀 수 있다.'라고 생각하면서 기다리면, 분명 이루어진다고 확신한다. 자신이 생각하고 원하는 만큼 간절함을 담아 보내면 언젠가 이루어져 되돌아오기 때문이다. 혹, 보내지도 않고 돌아오길 기대하지는 않았는지 생각해보라.
영국의 전 총리 윈스턴 처칠(Winston Churchill)은 이렇게 말했다.

"당신은 살아가면서 자신의 우주를 창조한다."

지금 자신의 우주를 위해 무엇을 창조하려 하는지 스스로 물어보아야 할 때이다.

06

가는 길은
순서가 없어
더 슬프다

나는 어릴 적에 어머니께 늘 하소연했던 것이 있다. '나는 왜 언니, 오빠가 없느냐?'라는 것이다. 나는 언니가 있는 친구들이 세상에서 제일 부러웠다. 어머니 말씀은 내가 사촌 언니가 있으니 나도 언니가 있다는 이론이다. 그러면서 사촌 언니와 늘 가깝게 지내기 위해 큰집에 사는 둘째 언니를 우리 집으로 자주 오게 했다. 그 언니가 우리 집에 오면 나는 언니 뒤를 졸졸 따라다녔다. 그래서 친언니처럼 지냈다. 그러던 어느 날 언니는 초등학교 졸업 후 대구로 돈을 벌러 간다고 했다. 나는 그렇게 언니와 헤어졌다.

나는 역시 언니가 꿈이라고 생각하고 내 임무인 맏딸로 최선을 다했다. 동생들 돌보고 집안일 도와가며 주말엔 빨래를 두세 번은 해야 했다. 동생들이

다섯 명이다 보니 한 번에 다 할 수가 없었다. 빨래하고 나면 오전이 다 가버렸다. 그렇게 초등학교와 중학교를 졸업한 후 나는 고등학교에 가기 위해 대구에 있는 사촌 언니에게 직장을 알아봐 달라고 편지로 부탁했다. 언니의 답장이 왔다. 언니가 다니고 있는 회사로 오라고 했다. 나는 부모님과 상의하여 대구로 갈 것을 결정했다. 그렇게 내 인생의 방향이 낯설고, 멀고 먼 대구행으로 가고 있었다.

언니는 나에게 학교도 학교지만 기술부터 배우라고 했다. 나는 언니 말을 무조건 따르기로 했다. 아무도 없는 대구에서 언니만 믿고 따라가야 했다. 기술을 먼저 배워 두면 회사는 어디라도 선택해서 갈 수 있다고 했다. 전혀 모르는 회사에서는 기술도 잘 가르쳐주지 않는다고 했다. 그래서 나는 언니 회사로 취직했다. 언니의 그늘이 매우 컸다. 언니는 회사에 다닌 지 오래되었고, 상사도 성실한 언니를 인정하고 있었다. 언니 친구들도 나를 예뻐해 주었다. 언니 덕분에 나는 기술을 빨리 배울 수 있었다. 과장님께 말씀드려서 아침에 한 시간 일찍 출근하여 연습했고, 저녁에도 퇴근 후 할 일이 없었으므로 다시 현장으로 들어가서 한 시간 더 연습했다.

나는 언니 덕분에 기술을 빠르게 익혀 개인적으로 기계를 받아 일할 수 있었다. 나에게는 사촌 언니가 아니라 친언니 이상이었고, 때로는 엄마 같기도 했다. 나는 언니 덕분에 내 삶이 순탄하게 갈 수 있었다. 내가 계획한 대로 고등학교에도 갈 수 있었고, 대학교도 갈 수 있었다. 하지만 나는 언니에게 늘 미안했다. 언니도 공부하고 싶어 했는데, 야간고등학교는 있어도 야간 중학교는 없었다. 배움의 시기를 놓친 언니는 배움의 한이 맺힌 듯했다.

　내가 조금씩 철이 들어갈 때 알게 되었다. 언니의 삶이 참 불쌍하다는 것을. 언니가 여섯 살 때쯤 큰어머니가 돌아가시고, 큰아버지마저 언니가 초등학교 6학년 때쯤 돌아가셨다. 그래서 중학교에 갈 수 없었다. 언니 친구들은 거의 다 중학교 입학을 하는데 언니는 돈 벌러 간 것이다. 그때는 내가 아무것도 몰랐다. 언니와 함께 일하고 기숙사 생활을 하면서 나는 조금씩 언니의 마음을 알게 되었다. 회사에서 성실하게 일해서 인정받고 있었지만, 언니는 늘 공부에 대한 꿈을 놓지 않았다. 언니는 책을 좋아해 독서를 꾸준히 하고 있었다. 나는 그런 언니가 자랑스러웠다.

　어느 날, 언니는 결혼한다고 했다. 결혼식을 할 때 어머니, 아버지가 없는 공간이 너무 커 보였다. 하얀 드레스를 입은 언니를 보자, 나는 눈물부터 나왔다. 우리 아버지가 신부 아버지를 대신했지만, 결혼식 날 언니 마음은 어떻게 헤아릴 수 있겠는가? 그저 행복하기만을 기도했다. 언니는 아들 한 명, 딸 한 명을 두고 잘 살아가고 있었다.

　'이제야 언니의 앞날에 축복과 사랑이 함께 하는구나!'라고 생각했다. 조금 쉬라고 해도 언니는 "놀면 뭐 하니?"라고 하면서 억척스럽게 일했다. 그렇게 행복하게 살아가던 어느 날, 언니는 피곤을 많이 느낀다고 하였다. 병원에 가보라고 했지만, 별일 아니라면서 병원에 가지 않았다. 한 달 후 주변의 성화에 못 이겨 병원에 갔을 때는 이미 늦었다고 했다. 전혀 생각지 못한 충격적인 일이 일어났다. 간암으로 진단이 내려졌다. 그때부터 언니는 병원에 입원하여 치료받았으나, 온몸으로 전이되어 손 쓸 타임이 지나버린 것이다.

언니는 살아야 한다고 했다. "아직 할 일이 많이 있는데."라고 했다. 아픈 자신보다 자식 걱정을 더 하고 있었다. 언니에게 이렇게 가혹한 일이 올 거라는 생각을 전혀 해본 적이 없었다. 나는 언니에게 이야기했다. "언니는 회복될 거야, 그러니 잘 먹어."라고 하면서 삶아온 전복을 통째로 주었다. "그래 이것 먹고 힘낼게."라고 하면서 통째로 뜯어 먹었다. 사실, 지금 상태가 심각하다는 것을 언니는 모르고 있었다. 나는 언니에게 희망을 주고 싶었고 기적이 일어나길 기도했다. 자주 병원을 방문했지만, 언니의 모습은 점점 초췌해져 가고 있었다. 100세 시대인 요즘, 그때 언니 나이 57세였다.

어느 날, 이른 아침에 전화가 왔다. 언니의 비보가 전해졌다. 언니를 이렇게 보내도 되는가? 나는 처음으로 세상이 야속하게 느껴졌다. 일찍 떠나버린 부모님의 사랑도 제대로 못 받아보고, 먼저 가버린 남편의 사랑도 그렇고, 언니의 인생을 되돌아보니 마음이 먹먹했다.

인생이 이런 것인가? 빈손으로 왔다가 빈손으로 간다고 하지만, 너무 이른 이별로 인해 말문이 막혔다. 언니는 나에게 특별한 사람이었고, 친언니이고 엄마였던 고마우신 분이었다. 나는 그렇게 언니를 보내드려야 했다. 부디 편하게 쉬시길 기도하면서.

한동안 나는 충격에 휩싸여 일이 손에 잡히지 않았다. '태어나는 건 순서가 있지만 가는 날은 순서가 없는 것이 이렇게 슬프구나!' 생각하게 되었다. 그 누구도 내일은 알 수 없는 일이다. 나는 내 삶의 지표를 수정했다.

첫째, 억척스럽게 살지 말자.
둘째, 건강부터 챙기자.
셋째, 쉬어가면서 일하자.

'진정한 삶은 무엇인가?', '어떻게 살아야 후회하지 않을까?'에 대해 고민하게 되었다. '인생은 정답이 없다.'라는 말이 있지만 나는 나만의 해답을 얻은 것 같다. 언니의 삶을 보면서 나에게 언니는 그 해답까지도 남기고 가신 것 같다.

결혼 후 임신 8개월이 되자, 배가 많이 불러와서 직장을 쉬기로 했다. 아이가 태어나고 2개월 정도 쉬었다. 둘째 아이는 만삭까지 일하고, 겨우 한 달 쉬고 출근했다. 그 외는 '쉼'을 가져 본 적이 없다. 선진국에는 일 년에 휴가를 한 달씩 간다고 하는데, 이해가 안 되었다. 어떻게 그렇게 오래 쉴 수 있을까? 직장은 어떻게 하지? 가정에 아이가 있는 집은 더욱 상상이 안 되었다. 우리나라 현실에서는 불가능한 일이다. 그러나 이제는 왜 한 달씩 가족과 여행하는지 이해가 되고 그렇게 살아보고 싶다. 인생에 있어서 가족이 최우선으로 생각한다는 것이다. 우리나라에는 가족보다 회사가 우선이고, 학교가 우선이 되는 것이 현실이다. 가족과 많은 시간을 함께 보내는 일이 얼마나 가치 있고 소중한 일인지 이제야 알게 되었다.

보험회사에서 일하는 FC는 정년이 없다. 그 점이 좋아서 일한 지 33년이 되어간다. 앞으로 얼마나 더 일할 수 있을지 모르겠지만, 이제라도 일 년에 한 달 정도는 나를 위해 '쉼의 다리'를 만들어 가고 싶다. 몸도 마음도 건강한 삶을 살고 싶다. 앞만 보고 달려가는 것보다, 이제는 주변을 돌아볼 수 있는 여유를 가지고 살고 싶다.

나는 먼 훗날 이 세상을 떠날 때, 행복한 마음으로 떠날 수 있을까?
나는 어떤 사람으로 기억되고 싶은가?
나는 어떤 부모였는가?
자식으로서 부모님께 최선을 다하며 살았는가?

이 여러 질문에 답변을 쉽게 할 수가 없다. 부모님께는 아무리 잘해 드린다고 해도 그건 부모님의 은공에 비하면 아무것도 아니다. 그리고 여태 나 살기에 바빠 친정 부모님께 잘해 드린 적이 별로 없는 것 같다. 참으로 후회스럽다. 이미 지나가 버린 시간은 어떻게 잡을 수도 없다.

미국의 유명 칼럼니스트 벤 스타인(Ben Stein)은 이런 말을 남겼다.

"인생에서 원하는 것을 얻기 위한 첫 번째 단계는 내가 무엇을 원하는지 결정하는 것이다."

인생이라는 깊은 철학 앞에 한없이 작아지는 내 모습이 거울 속에 비치고 있다.

07

당신
덕분입니다

협력자 1

협력자란 남을 돕기 위해 힘을 합하는 사람이고, 키맨은 기업과 같은 조직에서 문제 해결 과정이나 의사 결정 과정에서 핵심적인 역할을 할 수 있는 수준의 힘을 가진 사람이다. 영업을 잘하는 사람들의 영업 방법 중 한 가지는 키맨이나 협력자 관리를 잘하는 것이다. 협력자의 말은 FC에게 많은 힘을 실어준다. 누구보다 상대방을 잘 알고 있는 사람이기에 신뢰가 형성되어 있다. 그래서 짧은 시간에 좋은 결과를 가져올 수 있다. 누군가에게 힘을 실어주는 것은 복을 짓는 일이다.

내 주변에서 늘 나에게 도움을 주시는 협력자와 키맨들이 있다. 이분들은 세상에 일어나는 많은 일은 반사되어 다시 일이 일어난다는 것을 알게 해준다. 좋은 일을 많이 하면 좋은 일이 많이 생기는 것처럼. 나는 사람들에게 얼마나 도움을 주는 역할을 하며 사는지 생각해본다. 주변의 협력자와 키맨들의 도움을 내가 많이 받았으니 나 또한 다른 사람들에게 도움을 주는 사람으로 살아가리라.

경주에서 가장 큰 협력자는 당연히 양 대리님이다. 늘 웃는 그분의 얼굴은 많은 사람에게 호감을 주기에 충분했다. 회사에서도 인기가 좋았고 해결사 역할을 하고 있었으며, 모든 사람에게 신뢰도가 높았다. 소개받아 만나보는 사람들의 이야기를 들어보면, 바로 알 수 있었다. 처음에는 상품설명도 듣지 않고 서명부터 하려고 했다. 나는 감사하지만, 상품설명을 처음부터 차분하게 듣고 의사 결정하시라고 했다. 그리고 반드시 부부가 함께 설명을 들어야 한다고 강조했다. 남편의 소중함, 아내의 소중함을 이야기한 뒤, 가족의 소중함을 위해 보험을 설명하면 계약은 대부분 체결되었다. 그렇게 소개해준 모든 사람은 나의 고객이 되어주었다. 얼마나 감사한 일인가! 이렇게 낯선 경주에서 고객이 한 명씩 늘어나고, 나는 매주 화요일에는 조회를 마치자마자 경주로 달려갔다.

양 대리님은 풍물 활동도 열정적으로 하고 있었다. 풍물 활동을 하다 보니 나중에는 가족 모두가 풍물을 배워서 경주시에서 주최하는 풍물대회에 참석하여 최우수상을 받기도 했다. 두 아들도 경주 풍물놀이에 큰 역할을 하고 있었다. 자녀 교육에 있어서 부러웠던 점은 해마다 가족이 모두 국토 순례 행진에 참여한다는 것이다. 정신적, 육체적으로 훌륭한 경험을 함께하면서 공감해 가는 인생 철학이 존경스러웠다. 인생을 멋지게 살아가는 방법을 아는 사람이었다.

　이런 사람을 알게 된 것이 나에게는 큰 행운이다. 좋은 인연은 많은 것을 배우게 하고, 깨닫게 하며, 감사하게 만든다. 그리고 나를 돌아보게 한다. 작은 씨앗이 바람에 날려 들꽃이 가득한 들판이 되듯, 사람과 사람 사이에도 작은 향기가 자꾸 퍼지게 되면 세상은 얼마나 아름다울까! 고맙게도 나는 아름다운 세상을 살아가고 있음에 감사의 기도를 올린다.

　작은 씨앗이 기꺼이 되어보리라고 마음속으로 다짐하며 양 대리님 앞에 서면, 나는 작은 병아리가 된다. 저마다 각자 위치에서 자신의 존재 가치를 멋지게 살리는 사람들 또한 아름답다. 매주 화요일이면 경주에 갈 수밖에 없는 이유이기도 했다. 눈에 보이지는 않지만, 아름다운 사람을 만나면 사랑에 빠진 것처럼 매혹적이다. 이제는 사람이 행복하게 살아가는 방법을 조금은 알 것 같다. 그래서 나는 내 삶에, 내 직업에 자부심을 충분히 느끼고 살아가고 있다. 33년을 넘게 걸어온 길이지만, 지금도 매일 새롭게 시작하는 마음으로 출근한다. 내가 한 계단 한 계단 올라갈 수 있도록 내 곁에 고마운 협력자들이 있기 때문이다.

　양 대리님의 자녀가 초등학생일 때 내가 만났다. 어느덧 세월이 흘러 서울 고려대학교에 입학했다고 한다. 지금은 국방의 의무인 군인이 되었다. 나는 그저 매주 경주에 갔을 뿐이고 모든 것은 그대로인 듯한데, 아이들의 폭풍 성장에서 어쩔 수 없는 세월의 흔적을 맛보게 한다.

한 사람의 인연으로 많은 사람을 소개받아 갔던 경주는 나에게 22년 동안 내 삶의 현장이 된 만큼 고향처럼 느껴지고 친정처럼 여겨지는 곳이다. 건강한 인연이 사람의 마음에 감동을 준다. 많은 시간을 품고 지켜온 한옥처럼 우리의 인연도 여전히 지키며 나아가고 있다.

그때 만났던 양 대리님은 부장으로 승진하여 회사에서 중요한 위치에 있다. 22년 넘게 함께 해온 소중한 인연이고, 내 인생에 큰 행운을 주신 분이다. 그 행운으로 내가 힘차게 살아가는 것은 모두 당신 덕분입니다. 늘 기억하면서 살아갑니다.

협력자 2

2007년 석사 공부를 시작할 때 재무관리를 같이 공부했던 한 분이 있다. 영천의 꽤 큰 기업체의 전무님이다. 깔끔한 이미지가 인상적이었고 귀공자처럼 보였다. 어느 날, 영천 오펠골프장에 운동을 하러 갔는데, 거기에서 그분을 우연히 만나게 되었다. 대학원에서 수업 시간에만 보다가 뜻밖에 골프장에서 만나니 무척 반가웠다. "회사로 차 한잔하러 오세요."라고 했다. 스치

듯 내게 건넸던 말씀을 오랫동안 잊어버리고 지냈는데 다시 골프장에서 그분을 만나게 되었다. 나는 '아차'하고 내게 하셨던 말씀이 떠올라 미안해졌다. 그동안 한 번도 연락을 못 드렸기 때문이다. 그 당시 영천 오펠골프장은 석사 동기 골프 모임 월례회를 매월 하고 있었는데, 전무님도 거래처의 업무 관련해 가끔 필드에 오신다고 했다.

그다음 날, 나는 바로 전화를 드렸다. 미팅 약속을 잡고 드디어 회사를 방문하게 되었다. 처음 방문하던 날, 그날을 난 결코 잊을 수가 없다. 주차 후 경비실로 가니 직원 한 분이 기다리고 있었다. "에스코트하기 위해 기다리고 있었습니다."라고 했다. 나는 감동이 온몸을 타고 흘러내리는 것을 느꼈다. 역시 품격이 있는 멋진 신사였다. 사무실에도 깔끔한 동양 난이 정리 정돈되어 있었다. 나는 오랫동안 일하면서 많은 사람을 만나보았지만, 최고의 신사로 아직도 기억되고 있다. 그리고 그렇게 시작된 인연으로 기업체에 필요한 정보를 나누게 되었다.

나는 회사의 임원분들 퇴직금 준비를 안내하여, 그 회사는 법인고객이 되었다. 그 이후 2차 밴드 회사를 모두 소개해주셨다. 자동차 부품 업체 회사들이다. 소개받은 사람들도 어쩌면 그렇게 선하고 고마운 사람들인지, 좋은 사람 옆에는 역시 좋은 사람들이 있다고 생각했다. 나는 참으로 운이 좋은 사람이었다. 세상은 아름답고 살아갈 의미와 가치가 충분하다는 것도 알게 되었다. 지식은 학교에서 배우지만, 인간관계는 사회생활에서 사람들과 만나면서 배우고, 깨닫게 되며, 성숙하게 된다는 것을 알게 되었다. 그분의 선한 영향력은 나에게 감동을 주기에 충분했고, 말없이 세상을 빛나게 하신 분이었다. 내 주변에 그분이 계신 것만으로도 행복하고 감사한 일이었다. 나는 그 회사를 방문할 때마다 이렇게 느꼈다. 그분이 직원들에게 하는 말과 행동을 보면서 '이 회사에서 근무하는 사람은 참 좋겠다.'라고.

사람에게 인격과 품격이 있듯이 회사에도 보이지 않는 공기를 느낄 수 있다. 상큼하고 신선한 향기가 늘 가득 차 있었다. 내 인생에 있어서 고맙고, 감사한 사람으로 기억하며 살아가고 있다.

'나도 그분처럼 품위 있게 살아가리라.'라고 늘 생각한다. 처음엔 대학원에서 만났지만, 아름다운 비즈니스를 알게 해주신 분이다. 내가 어떻게 살아가야 하는지 행동으로 보여주었다. 소개받은 업체를 방문할 때도 나는 늘 최선을 다했다.

사람의 인격과 품격은 말씨와 행동에서 나타난다. 그분은 삶을 멋지게 살아가는 방법을 알려주고 있었다. 일하는 데도 내게 도움을 많이 주셨고, 내가 인생을 살아가면서 닮고 싶은 사람이다. 진실하고 성실하며, 모든 사람에게 친절하신 분으로 늘 에너지를 주시는 분이다. 앞으로 세상을 살아가는 이유가 그분을 닮아가는 삶이고 싶다.

누군가에게 에너지를 받으며 살아간다면 참 고마운 일이 아닌가! 나도 누군가에게 에너지를 주는 삶으로 살아가고 싶다. 소개받은 회사들도 모두 고객이 되었다.

　지금은 계열 회사 대표님이 되어 있다. 회사를 방문해 보았는데 사원들이 매우 좋아하고 있었다. 회사의 숨어 있는 공간을 활용해 사원들의 쉼터와 운동할 수 있는 공간으로 바꾸어 놓았다. 나는 그 회사를 이미 알고 있었던 터라 역시 남다른 지도력과 소통으로 회사를 멋지게 경영하고 있었다. 협력자는 물론이고 고객님이 잘되는 모습을 보면 나도 왠지 기분이 좋아진다.

　한 번 맺어진 좋은 인연이 늘 함께하기를 바라며 날마다 발전해 나아가길 바라는 마음이다. 고마운 사람들이 있어서 내가 여기까지 올 수 있었다. 나는 이것을 기억하며 살고, 이젠 그 고마움을 되돌려 갚으려고 노력한다.

4장

당신의
잠재력을
흔들어
깨워라

산업 강사에
도전하다

인생 반백 년을 살다 보니 이유 없이 마음이 텅 비는 듯했다. 쉴 틈 없이 달리다 보니 2019년도에는 마음이 울적해진 시간이 자주 찾아왔다. 그토록 하고 싶었던 공부도 다 마쳤고, 학교 강의도 끝났고, 이제는 오로지 일만 하고 있었다. 모든 것이 끝나자 마음이 허전해서인지 갱년기가 온 것이다. 삶이 허무하고 이 세상에 나 혼자 덩그러니 사막에 서 있는 것 같은 느낌이었다. 어디로 가야 할지 방향도 잃어버리고, 길을 가다가 넘어져 일어날 수 없는 것처럼, 모든 게 멈추어 버린 것처럼 느껴졌다. 나는 멘토의 상담이 필요했다. 멘토는 누구나 한 번쯤 느낄 수 있는 일이라면서 빨리 떨구어 버리고 일어나라고 했다. 나는 이대로 가만히 있을 수 없었다. 나는 다시 무언가에 도전해야겠다고 생각했다.

어느 날, 운전하며 가고 있었는데 '산업 강사모집' 관련 플래카드가 걸려 있었다. 나는 바로 플래카드에 적힌 전화번호로 전화했다. 산업 강사가 되려면 어떻게 해야 하는지, 산업 강사가 해야 할 주 강의 내용은 어떤 것인지 문의했다. 나는 통화 후 방문 시간을 약속하고 그다음 날 찾아갔다. 자세히 안내받고 보니 나에게 필요한 강의였다. 나는 망설임 없이 수강 신청을 했다. 2019년 2월이었다.

나는 보험 일을 하면서 내가 방문하는 회사에 법정 의무교육을 재능기부로 강의해주고, 회사에서 필요한 단체보험이나 기업 대표에게 필요한 보험을 권유하여 체결하는 법인 영업을 하고 싶었다. 오래전부터 해보고 싶은 분야의 교육이어서 좋은 기회라고 생각했다. 법정 의무교육을 하려면 강사 자격증이 있어야 강의할 수 있기 때문이다.

기업체에서는 직원이 법정 의무교육을 의무적으로 들어야 하므로, 강의할 수 있는 시장은 많았다. 나는 다시 새로운 분야에 도전한다는 설렘으로 열심히 교육에 임했다. 그리고 수료증을 받았다. 동료는 소수정예 7명이었다. 교육을 마친 후 들어오는 강의를 시간이 될 때마다 가끔 해보니 기분이 새로웠다. 대학교 강의를 그만둔 지 4년 만에 강의한 것이다. 나는 살아있는 물고기처럼 팔딱거리며 강의장을 누비고 다니면서 신나게 강의했다. 나는 '강의가 나의 체질인가?'라고 생각하며, 돌아오는 길에 혼자 회심의 미소를 지었다. FC로 일하면서 대학 강의도 해보고 산업 강사도 해보며, 다시 즐거운 삶이 시작되었다.

이제 이렇게 신나는 시간이 계속될 것으로 생각하고 있었는데 2020년 1월 20일, 대구에서 코로나 확진자가 발생했다. 코로나는 갑자기 확산하였고 급기야 '사회적 거리 두기'가 시작되면서 모든 강의는 취소 또는 중지되어버렸다. 그나마 나는 보험 일을 하므로 충격이 덜 했지만, 강의만 직업으로 하는 사람은 많은 고충을 겪어야 했다. 코로나가 빨리 종식되기만을 기대했지만, 생각과는 달리 갈수록 더 늘어나는 확진자로 인해 전 세계가 공포에 휩싸였다. 해외에서도 코로나로 많은 사람이 죽어가고 있었다. 해외여행도 모두 마비가 되어버렸다. 예측하기 어려운 심각한 고통과 일상생활이 확 다 바뀌어버린 상황은 처음 겪어 보는 일이었다. 건강의 소중함을 알고 있었지만, 이렇게 다가올 줄은 몰랐다. 코로나는 건강 문제 중 면역성 여부의 싸움이었다. 나는 강의를 접고 이제 보험 일이나 열심히 하자고 마음을 바꾸었다. 하고 있던 일이 있어서 그나마 얼마나 다행인지 새삼 보험 일이 고맙게 느껴졌다.

하지만 코로나의 여파는 보험 일에도 상당한 충격을 주었다. 모두가 어려움을 토로하고 있는 힘든 시간이었다. 그저 건강 챙기면서 몸을 사리게 되었고, 남에게 민폐가 될까 봐 조심해야 해야 했다. 지루한 날은 흘러가고 세월은 훌쩍 잘도 가고 있는데, 나는 이대로 있을 수가 없었다. 2021년 9월부터 글을 쓰는 수업을 3개월 수강했다. 사실은 2017년부터 책을 쓰기로 마음먹고 진행하던 중, 혼자는 글쓰기가 벅찼다. 그래서 개인 수업을 신청한 것이다. 3개월이 지나자, 책을 쓰는 일을 시작해도 된다고 하면서 써보자고 했다. 나는 글을 다시 쓰기로 결심했다. 그런데 그동안 틈틈이 써 놓은 글을 읽어보니 엉망진창이었다. 제대로 배우면 정도로 글을 쓸 수 있지만, 나는 혼자서 쓰다 보니 어려운 길을 돌아서 온 것 같았다. 하지만 세상에 어떤 일도 헛된 일은 없다. 그동안 써서 모아 둔 글들이 내 글의 소재가 되고, 다듬어 보니 재미있는 글이 되었다.

2022년 12월에는 꼭 책을 출판해야 한다는 마음으로 글을 쓰고 있다. 쓰면 쓸수록 어렵고 힘들지만 하나씩 완성이 될 때는 작은 기쁨의 함성이 나온다. 코로나로 인해 나의 일에 적잖은 고충을 주었지만, 나는 글을 쓰면서 이겨나가고 있다. 일하면서 틈틈이 써 내려가는 글은 나를 힐링 시켜준다. 가끔은 과거로 추억 여행을 하면서 혼자 웃기도, 울기도 한다. 글을 쓴다는 것은 나를 알게 해주는 훌륭한 일이라는 것을 알게 되었다.

의욕이 앞선 산업 강사의 꿈은 멀어져 가고 있지만, 코로나가 종식되면 그때 하면 될 일이다. 배워 두면 언젠가는 다 활용할 수 있기 때문이다. 시도를 안 했다면 얻는 것도 없다. 나는 자격증을 얻었고 수업에 함께 했던, 열심히 살아가는 좋은 사람들을 만났다. 더 이상 무엇을 바라겠는가! 나 혼자 살아가는 세상이 아니다. 나도 잘되어야 하고, 주변 사람들도 모두 잘 되기를 원한다. 그래야 아름다운 세상을 만들 수 있다고 생각한다.

코로나가 어느 정도 안정을 찾아가고 있었다. 2022년 6월 어느 날 강의 요청이 들어 왔다. 100여 명의 사회초년생을 위한 강의라고 했다. 잊어버리고 있었는데 강의가 들어오니 기분이 좋았다. 강의주제는 재무관리에 관한 것이었다. 나의 전공 분야라서 강의하기로 했다. 오랜만에 다시 강단에 선다는 건 설렘이고, 책임감과 함께 신이 났다. 사회초년생들에게 해주고 싶은 이야기가 많아서 열심히 강의안을 준비하고 연습도 했다. 이론과 나의 경험을 사례로 들면서 강의했다. 모두 열심히 경청해주는 모습에 감동이 몰려왔고, 나의 강의가 수강생들에게 도움이 되는 것 같았다. 사실 나는 수강생들에게 부모 마음으로 자식에게 해주고 싶은 이야기를 간절한 마음으로 해주었다.

요즘 자녀들은 부모의 말을 잘 듣지 않는다. 제삼자인 나는 부모의 마음을 담아서 강의한 것이다. 모두 공감해주고 열심히 들어주었다. 그리고 새로운 희망을 보았다. 젊은 친구들의 미래는 나름대로 저마다 계획을 세우고 잘하고 있다는 것을, 발표를 통해 소통할 수 있었다.

부모들은 자식에게 많은 것을 기대하고 있다. 기대하는 만큼 걱정도 하고 있다. 하지만 나는 이제 말하고 싶다. 자녀들의 인생에 관해 부모의 너무 많은 관심은 오히려 좋지 않다는 것을. 자녀 옆에서 바른길로 갈 수 있도록 늘 도와주는 일이 부모의 역할이다. 때로는 자녀가 부모 마음을 몰라 줄 때는 서운하기도 하다. 다 키워 놓으니까 부모를 가르치려고 할 때도 있으니 말이다. 부모는 다 안다. '저 녀석이 이젠 컸다고 제법이네.', '내 자식이 벌써 성인이 되어 부모에게 가르치려 하네.'라는 생각을 부모라면 한 번쯤 했을 것이다.

부모는 자식이 한 말에 서운하기는 했어도 한편으로 뿌듯하기도 했을 것이다. '이젠 나도 나이가 들었나 보네.'라고 혼잣말하면서 먼 산을 바라보았을 것이다.

인생을 살아간다는 것은, 현재는 나를 위해 살지만 먼 훗날 인생 후배들에게 영향력 있는 사람이어야 한다. 말 한마디가 한 사람의 인생을 바꾸어놓은 경우가 많기 때문이다.

언젠가 회사에서 교육받으러 갔는데 백발이 된 노신사가 강의하러 왔다. 얼굴에서 그분의 삶이 느껴졌고, 강의는 진한 감동으로 다가왔다. 인생의 멋진 선배로서 존경심도 느껴져 매우 만족했다. 나도 나이가 들면 저 강사처럼 멋진 강의를 후배들에게 해주고 싶다고 생각했다. 그러기 위해서는 내 삶이 진정성 있고, 다양한 경험과 지식 그리고 지혜가 있어야 한다는 것을 알고 있기에 오늘도 나는 독서를 통해 책에서 보물을 얻고 있다. 그리고 나도 그 누군가에게 보물을 건네주기 위해 오늘도 한 편의 글을 써 내려간다.

철학자 지두 크리슈나무르티(Jiddu Krishnamurti)는 이렇게 말했다.

"당신은 당신의 온 존재를 무언가에 바칠 때만 배우게 됩니다."

02

세상을 흔들어 놓은
태풍,
코로나!

아침마다 6시 30분이면 알람이 나를 깨운다. 커피포트에 물을 끓이고 쌀을 씻어 밥을 안친다. 따끈한 차를 우리어 한잔하면, 온몸에 온기가 퍼지고 잠자던 세포도 함께 깨운다. 그리고 가벼운 스트레칭을 한 후 반찬을 준비하여 남편 점심 도시락도 챙겨 보낸다. 코로나 때문에 도시락을 챙겨준 지도 벌써 3년이 지났다. 나는 서둘러 출근 준비를 하여 7시 반쯤 집을 나서면 사무실까지 25분 정도 소요된다. 대부분 내가 사무실에 첫 번째로 출근하는데, 출근과 동시에 나의 오래된 노트북을 켜고 블랙커피를 한잔한다.

'오늘은 어디를 가야 하나?' 방문할 일정을 보면 갈 곳이 만만치 않다. 3년 전만 해도 하루 일정이 꽉 차 있었다. 사람들을 만나 즐겁게 이야기하고 점심도 먹으며 살아가는 이야기를 하다 보면 정이 생기고, 보험 이야기도 하게 된다. 대구에서 코로나가 맨 처음 터진 이후로는 사람 만나기가 어렵다. 코로나로 민감해져 있기도 하지만, 실제로는 대구경제 상황이 최악이기 때문이다. 보험 권유하기가 점점 부담스러워졌다.

기업은 수출이 안 돼 생산이 반으로 줄어 기업 대표들의 근심은 나날이 늘어가고 있었다. 자영업을 하는 식당은 거리 두기로 손님이 없어 텅텅 비어 있고, 가게 월세 주기도 어렵다고 아우성친다. 직장인을 만날 수 있는 시간은 점심시간이지만, 대부분 회사 내에서도 외부 사람, 특히 영업하는 사람은 출입을 금지하고 있었다. 이런 상황에서 간신히 만난다고 해도 오늘은 코로나 확진자가 몇 명이고, 어디에서 많이 발생했으며 등, 이야기 주제가 코로나로 시작되고 끝난다. 보험 이야기를 해서 보험의 필요성을 말해야 하는데, 결론은 모두 코로나가 빨리 종식되기를 바라는 마음뿐이다.

작은 바이러스 하나가 전 세계를 꼼짝 못 하게 하다니 정말 인간의 위대함은 어디로 갔는가! 정부의 대책과 의료진들의 고생으로 다행히 오랫동안 확진자가 줄어들고 안정을 찾는가 했는데, 2021년 12월 오미크론이 발생하여 또다시 위기에 직면했다. 이렇게 어려울 때 보험을 유지하는 것만도 고맙게 느껴야 하는 상황이다. 이 일을 33년 동안 하면서 코로나로 인해 최대의 위기를 겪고 있다. 어린아이가 있는 고객은 만나기도 어려워 집보다는 카페에서 잠시 만나고 헤어진다. 사실상 일이 거의 안 되고 있다고 봐야 한다. 영업은 거절부터 시작되지만, 체결 거절이 아닌 TA와 미팅부터 거절당하고 있다.

코로나가 처음 터졌을 때는 '그동안 열심히 살았으니 잠시 쉬어가면 되겠지!'라고 가볍게 생각했다. 몇 개월 지나면 종료될 줄 알았다. 그런데 날이 갈수록 더 심각해졌다. 대구 종교 단체에서 갑자기 3천 명이 넘게 확진을 받으면서 도심이 폐허처럼 되어갔다. 서울이나 다른 지방에서는 대구 사람은 아예 오지도 못하게 했다. 처음으로 겪는 코로나 사태는 지극히 당연한 일상을 송두리째 빼앗아 갔다. 가족끼리도 대구에 사는 사람이면 못 만나게 되었고, 혹시라도 만났다면 자가격리 조치로 들어가곤 했다. 2020년 4월에 사촌 동생이 세상을 달리했다. 장례식장 병원에서 대구 사람은 방문이 금지되어 안타깝게도 동생의 마지막 가는 길도 볼 수 없었다. 비상식적인 일들이 상상을 뛰어넘게 일어나고 있었다.

나는 퇴근 시간이 정해져 있지 않지만, 예전 같으면 오후 7시 정도 업무 정리 후 퇴근했다. 그런데 요즘은 오후 네다섯 시면 집으로 가고 있는 나를 발견한다. 건강을 위해 운동을 한 시간 정도 해도 여유가 있어 책을 읽기로 했다. 세상이 이렇게 편해지고, 과학이 첨단을 달리고 있는 이 현실에서 코로나와 전쟁을 치르고 있다니 알 수 없는 것이 세상일인가 보다. 독서는 텅 비어 있는 내 마음을 조금씩 채워주고 있었다. 사무실 옆에 있는 도서관에서 자주 책을 빌려 볼 때는 대여가 한정되어 있고 직접 방문해야 했다. 그런데 사이버

도서관은 도서 대여가 무제한이라서 편리하고 좋다. '이참에 책이라도 실컷 읽어보자.'라고 하면서 무작정 책을 골라 담는다. 정신적으로는 위안이 되지만, 현실은 당장 급여 걱정을 해야 했다. 고정 지출도 있고 그동안의 씀씀이를 줄이기가 쉽지 않았다. 시간이 갈수록 고객과 함께하던 점심 식사도 줄어들고, 거의 집에 가서 점심을 먹고 나오기도 했다. 보험영업은 대면해야 하지만, 이런 시기에 누가 만나 식사하겠는가? 서로가 마음의 부담이 갔다.

코로나가 예상보다 장기화하고 있다. 회사에서는 모바일을 이용해서 영업에 활용하게 했다. 하지만 고객도, FC도 익숙하지 않았다. 영업은 역시 사람을 만나야 하는 일이다. 사람 만나서 얼굴을 보고 마음을 읽으며 해야 하는 일이었다. 그래서 영업이 어려운 일이지만 사람 만나는 일의 소중함이 절실했고, 세상은 결코 혼자 살아갈 수 없다는 것 또한 뼈저리게 알게 되었다. 그동안 서슴없이 만나주었던 소중한 사람들에게 감사를 표하고 싶다. 앞으로 한 사람 한 사람에게 정성을 다해서 만나야겠다는 생각이 더 간절해졌다.

코로나 백신 2차까지 접종하고 나서야 요즘은 하루에 두서너 명 정도 고객을 만난다.

지금은 서비스 위주로 진행하기 때문에 신계약은 많이 줄고 있다. 물론 이불경기 속에서도 잘하는 사람도 있다. 내가 이야기하는 것은 대부분의 FC가 겪고 있는 일반적인 고충을 말하는 것이다. 경제와 시장이 활발하게 성장하여 안정된 생활이 되어야 보험의 필요성도 알고 가입할 텐데, 지금은 기본적인 생활 안정이 우선이 되어버렸다. 사람들의 걱정과 바람은 정상적인 경제 순환으로 안정을 찾는 것이다.

새삼 지난 시간이 참 고맙게 느껴진다. '알 수 없는 것이 내일'이다. 그래서 보험도 필요하다고 강조했지만, 이런 일이 올 줄을 그 누가 알았겠는가. 건강의 소중함과 생활 습관이 얼마나 중요한지도 알게 되었다. 평소의 건강관리와 운동 또한 중요하다는 것도 일깨워주는 시간이었다. 이제는 운동도 더 열심히 해서 건강하게 일하고, 오래도록 일하는 것이 승자가 되는 것임을 알게 되었다. 그동안 함께 해준 고객분들이 매우 고맙게 느껴진다. 내가 할 수 있는 최고의 서비스는 그분들을 위해 오래 일하는 것이다.

얼마 전 가까운 친척이 암으로 판정되어 병원에 입원했다는 소식을 들었다. 코로나로 면회도 안 되어 병문안도 갈 수 없었다. 부모님이 요양원에 있어도 마음대로 찾아뵐 수 없는 세상을 살아가고 있는 우리는 경험해보지 못한 일을 겪으면서 많이 혼란스럽다. 인간관계마저도 흔들리고 무너져 가는 듯하다. 언제까지 이런 세월을 보내야 할지 모르겠지만, 지금으로서는 그 무엇보다도 자신을 돌아보고 챙기는 일이 우선이다. 내가 아니고는 이 세상은 의미가 없기 때문이다. 내 삶의 의미를 찾으며 내 일의 가치에 대해 더 소중함을 느껴보는 시간이기도 하다. 평소에 잊어버리고 살았던 작은 것들에 대한 고마움과 당연한 것처럼 여기고 살았던 그것들에 대해 소중함과 감사함을 느낀다.

잠시 멈추어 있는 것이 아니라 멀리 가기 위해 에너지 충전이라고 할까? 나는 적어도 이 시기를 그렇게 생각하고, 부족한 부분에 양분을 채워가는 의미 있는 시간으로 채워가고 싶다. 조금 느리게 가는 달팽이 같은 삶이면 어떤가! 내가 건강하면 만사형통이다. 욕심을 조금씩 내려놓고 가볍게 살아가는 연습도 필요하다.

　속담에 이런 말이 있다.

"개구리가 움츠린 것은 더 멀리 뛰기 위함이다."

　우리 인간사도 마찬가지이다. 목표를 향해 달려가는 것도 중요하지만, 멀리 가기 위해 충전하는 시간도 필요하다. 지금 세상을 흔들어 놓은 태풍, 코로나가 우리의 삶을 돌아보게 하고, 어떻게 살아야 할지 인생 계획을 다시 세우게 하는 재충전의 시간을 갖게 하고 있다.

03

인생은
여행이다

'죽도록 일만 하지 마라! 인생은 여행이다.'라는 말도 있는데 어찌하여 일만 하는가. 여행에는 두 종류가 있다. 직접 여행을 떠나는 코스가 있고, 다른 하나는 책을 읽으면서 간접여행을 하는 것이다. 나는 이 두 가지를 다 적극적으로 추천한다. 혼자 떠나도 좋은 시간의 여행은 독서로 하는 여행을 말한다. 여럿이 함께 잘 지내는 여행은, 어디든 장소를 정해 놓고 떠나는 여행이다. 여행은 언제나 떠나기 전, 준비할 때부터 설렘이다. 많은 상상과 기대감으로 이미 행복해진다. 날마다 이렇게 여행하듯 행복할 수 있는 시간이면 얼마나 아름다운 삶이 될까. 그래서 나는 인생은 여행이라고 생각하고 오늘 하루도 설렘으로 여행처럼 출근한다. 사무실에 가면 매일 보는 사람이지만 오늘 만난 사람처럼 반갑게 보고, 새로운 사람을 만나려고 한다. 그것이 나의 일이기 때문이다.

젊은 시절, 나에게는 여행이 사치였다. 해외여행 가는 사람이 부러웠다. 우선 집부터 마련하고 아이들 교육하고, 정년퇴직하면 해외여행을 꿈꾸고 있었다. 60년도 세대들은 자녀 대학 교육 시키면 집안 기둥 빠진다고 했다. 그만큼 경제적으로 허덕이고, 먹고살기 바빴다. 이렇게 살다가는 해외여행 한번 못 가겠다는 생각이 들었다. 여행은 젊어서 많이 다녀봐야 눈으로 보고, 배우고, 가슴으로 느낄 수 있다. 우물 안의 개구리처럼 살지 말고, 세상을 바라보는 눈과 귀, 가슴으로 품을 수 있는 많은 것들을 보고 싶었다. 이 여행 또한 내 인생을 살아 숨 쉬게 하는 원동력이 되기 때문이다. 그저 쉽게 얻을 수 있는 것은 없다. 시간 투자한 만큼, 돈이 들어간 만큼 인생은 배움과 깨달음으로 돌아온다. 집에서 쉬는 시간을 떠나는 여행으로 시도해본다면 쉼과 힐링과 풍성함으로 보답하리라는 것을 나는 확신한다. 여행을 함으로써 인생이 더 풍성해지고 행복지수가 올라간다는 것 또한 알고 있다. 해외도 좋지만, 국내에도 가까운 곳부터 한 곳씩 여행을 시도해보면 더 멋진 인생을 살아가는 방법이 되리라고 생각한다.

두 번째로는 책을 읽으면서 하는 여행이다. 책을 읽으면 어디든지 갈 수 있다. 책 속에 등장하는 장소를 상상하면서 간접여행을 하는 것이다. 책 속의 이야기와 주인공들을 상상하면 새로운 세계로 여행을 하는 것 같다. 그리고 그 나라의 생활이나 문화를 볼 수 있다. 책을 1년에 100권 읽는 도전을 해본

적이 있다. 장르를 따지지 않고 도서관에서 빌려서 보았다. 요즘은 전자책이 있어서 도서관에 가지 않아도 된다. 매월 일정 금액을 지불하고 내가 볼 수 있는 만큼 책을 담아 내 서재에 보관하면서 읽어간다. 다양한 책을 공짜로 보는 느낌이다. 마음이 풍성해지고 틈나는 대로 스마트 패드로 열어서 읽노라면 정말 행복해진다.

잠시 기다리는 시간도 패드와 함께라면 어디에서든지 책을 볼 수 있다. 책을 들고 다니지 않아도 되어 좋다. 내가 어린 학창 시절에는 책을 보고 싶어도 도서관이 없어서 볼 수 없었다. 요즘에는 얼마나 좋은 세상인가. 도서관에 가지 않고도 많은 책을 읽을 수 있으니 말이다.

부모들은 자녀에게 좋은 것만 해주려고 한다. 부모가 우리 자녀들에게 책 읽는 습관을 길러주면 얼마나 가치 있는 시간이 될까? 책을 통해서 많은 선인이 쌓아둔 지혜를 얻어 갔으면 하는 바람이다. 책을 많이 읽다 보면 지식과 지혜를 다 얻어 간다. 다양한 책을 읽음으로써 한창 자라는 어린이와 청소년들에게 즐거운 책 여행이 되길 바란다. 세계적으로 부자가 된 사람들의 공통점은 책 읽기를 좋아했다고 한다. 세계적으로 부자인 워런 버핏도 나에게 투자하는 시간은 책 읽는 시간이라고 했다. 투자가 없으면 결코 부자가 될 수 없기 때문이다.

인생이 여행이라는 것을 느끼려면 두 가지 다 충족된 여행이 되길 바란다. 심적으로 여유가 있다면 살아가는 현실도 풍요롭게 느낄 수 있을 것으로 여겨진다. '인생이 길다.'라고 생각할 수도 있지만 정말 '인생은 짧고 예술은 길다.'라는 말을 공감할 때가 많다. 어차피 이 세상에 여행하러 온 이상, 우리는 즐거운 여행을 할 필요가 있다.

'나중에 하지, 뭐'. 이렇게 이야기하는 사람은 나중이 어떻게 될지는 아무도 모른다. 그것이 인생이다. 지금, 오늘 즐겁게 살고, 내가 하고 싶은 것을 하면서 살아간다면 행복해지리라. 행복한 삶은 누구나 추구하고 누릴 권리가 있다. 그렇다면 괜찮은 인생이 아닌가.

나는 개인적으로 해외여행을 가는 일은 거의 없었다. 운이 좋게도 회사에서 프로모션을 걸어두면 공짜로 해외여행을 가는 기회가 많았다. 해외여행이 걸리면 어느 때보다 열심히 일해서 목표를 달성하여 해외여행을 가려고 애썼다. 그리하여 적잖이 다녀온 여행이었다. 그럴 때면 가족들에게 미안했지만 어찌하랴. 고기도 먹어본 사람이 먹는다고 한번 해외로 가본 여행은 신선한 충격이었고 많은 것을 얻었다. 일을 더 열심히 할 수 있는 원동력이 되기도 했다. 말로만 듣던 것과는 달리 직접 가서 경험해 볼 수 있어서 최고의 시간이 된 것이다. 일본이 첫 해외여행이었다. 식당에 갔는데 우리나라에서 흔히 반찬이 부족하면 더 달라고 하는 것처럼 반찬이 모자라서 달라고 했더니 김치 조그마한 한 접시에도 추가로 돈을 내야 한다고 했다. 일본의 검소한 생활을 보면서 나의 식사 태도까지 바꿔준 여행이었다.

일본 여행을 다녀온 후 집에서 음식을 남기지 않았고 식당에서 식사할 때 모자라도 더 달라고 하지 않는다. 있는 반찬으로 최대한 남김없이 먹으려고 한다. 참 의미 있는 여행이었다. 백번 말로 듣는 것보다 한 번의 경험이 나의 생활 습관을 확 바꾸어주었다. 필리핀과 인도네시아도 다녀왔는데 우리나라가 최고로 좋은 나라임을 알게 해주었다. 사계절이 뚜렷한 나라!! 대한민국의 국민이라는 점이 자부심을 느끼게 했다. 실제로 여행하지 않았다면 알 수 없는 것들이었다.

2017년, 터키는 개인적으로 친구 다섯 명이 다녀왔다. 방송통신대학 시절에 만난 학우였다. 어렵고 힘든 일을 마치고, 졸업여행 기념으로 해외여행을 가기로 했다. 매달 조금씩 회비를 모아서 만난 지 10년 만에 다녀왔다. 터키를 먼저 다녀온 친구가 있었는데 다시 한번 가보고 싶다고 했다. 유럽으로는 처음 가는 여행이었다. 비행기 타는 시간도 길었고 밤 비행기는 조금 두렵기도 했다. 한밤중에 하늘을 날아가고 있다고 생각하니 오만가지 생각이 나고 집에 안전하게 돌아갈 수 있을까 걱정도 되었다. 다행히 다녀온 그 친구 덕분에 우리 일행은 터키를 알뜰하게 잘 구경할 수 있었다. 터키사람들은 우리나라 사람들을 보면 '형제'라고 하면서 매우 친절하게 대해 주었다. 여행하는 동안 마음이 따뜻해져 왔다. 먼 이국땅에서 형제라는 단어를 들으면서 애써 잘해 주는 모습이 감동이었다.

보통 유럽 여행은 비행시간이 길어서 한 번에 많은 나라를 계획한다. 하지만 우리는 터키 한 나라만을 선택해서 구석구석 다녀보았다. 아침에 일어나면 짐 싸기 바쁘지만, 휴양이 아니라 여행이었기에 최대한 많은 도시를 구경하게 되었다. 이렇게 긴 여행은 처음이었지만 너무 신나고 황홀했다. '인생이 여행처럼 행복하게 살아갈 수 있다면 얼마나 좋을까?'라고 생각했다. 별것 아닌 것으로 왜 그렇게 아옹다옹하면서 살았을까?

인생이 길다고 생각하면 길고, 짧다고 생각하면 한없이 짧다. 무슨 일이든 할 수 있을 때 해야 한다. 나이 들고 무릎 아파서 걷기 힘들어지면 어디를 가도 즐겁지 않다. 건강하게 살고 건강할 때의 여행이 더 즐겁고 만족도가 높아질 것이다. 흔히 말하는 '모든 일은 때가 있다.'라고 했다. 공부할 때, 일할 때, 놀 때가 있다. 나는 이 '때'를 어느 시기를 정해두고 하는 것보다 틈틈이 시간을 내어 '때'를 만들어 가면 더 멋지게 살아갈 수 있을 것 같다고 생각한다. 나는 다행스럽게 그 '때'를 적절하게 잘 사용하고 있는 것 같다. 이제 인생을 여행처럼 설레게 살아가는 방법을 조금은 알 것 같다. 주말이면 가까운 산이라도 여행하듯 다녀오면 여행이고, 부모님을 뵈러 가도 여행하듯 다녀오면 좋은 여행이 된다는 것을. 이번 주말에는 친정 부모님을 뵈러 가야겠다.

'인생을 여행처럼 살아가고 싶다.'

04

세상은 넓고
갈 곳은 많다

《세상은 넓고 할 일은 많다》라는 책을 읽었다. 저자는 대우그룹 김우중 회장님이다. 지금은 작고하셨지만, 우리나라에 엄청나게 경제적인 영향을 주신 분이다. 이 책은 매우 감동적이어서 지금도 멋진 책으로 기억하고 있다.

내가 보험영업을 처음 시작했을 때, 한마디로 막막했었다. 대구에 연고도 없을 뿐만 아니라 그 당시 내 성격도 내성적이었다. 일을 시작한 지 겨우 한 달이 지났는데, 더는 갈 곳이 없었다. 그래서 개척하기로 하고 공단으로 가보니 공장들이 어마어마하게 많았다. 나는 깜짝 놀랐다. 말 그대로 세상은 넓고 갈 곳은 많았다. 나는 용기를 내어 공장마다 다니면서 명함과 판촉물을 드렸다. 그렇게 얼굴을 익히고 매주간 몇 달 방문했더니, 드디어 계약이 하나씩 나오기 시작했다. 성취감과 자신감은 이루 말로 다 표현할 수 없었다. 어쩌면 인생 자체가 개척인지도 모른다. 미래의 나의 모습은 저절로 오는 것이 아니라 개척으로 만들어 가고 있었다.

2019년 5월에 나는 내 인생을 여행으로 개척해보기로 했다. 친구와 둘이서 스페인 여행을 떠나기로 한 것이다. 그동안 열심히 살아온 나에게 선물한 셈 치고 큰맘 먹고 해외로 떠났다. 5월 2일 새벽 1시에 동대구역에서 리무진을 타고 캄캄한 밤거리를 달려 인천공항으로 갔다. 7박 9일 일정으로 친구와 둘이서 가는 여행이었다. 조금은 불안하기도 했지만, 인천공항에 도착하니 같은 여행사에서 출발하는 사람들이 있었다. 친구와 나는 서로 의지하며 즐거운 여행이 되기를 기대하고 있었다. 친구도 스페인 여행은 처음이라고 했다. 12시간 정도 비행기를 타고 가다 보니 식사를 비행기에서 하고 운동도 하지 못했다. 그렇게 계속 앉아 있어야 하니 조금은 힘든 시간이었다. 날만 새면 일어나서 출근하여 돌아다니던 내가 꼼짝하지 못하고 앉아 있었으니 얼마나 답답했겠는가! 하지만 그 긴 시간을 참아내고 스페인 바르셀로나에 도착했을 때는 환호성이 저절로 나왔다.

가족에 대한 걱정은 모두 던져 버리고, 일에 대한 걱정도 싹 날려버리면서 오로지 나를 위한 여행을 했다. 스페인의 도시를 샅샅이 훑어가며 하는 여행이었다. 스페인의 건축가 가우디에 관한 설명을 들을 때는 귀를 쫑긋 세우고 들었다. 멀고 힘든 여행이었지만 여행지 선택을 잘했다는 생각이 들었다. 내가 스페인으로 가자고 제안한 여행이라서 걱정했는데, 처음 오는 스페인은 생각보다 괜찮았고 친구도 만족했다.

아침마다 눈뜨면 보따리 장사하듯 짐을 꾸려 매일 다른 도시를 향해 다섯 시간 정도를 달려가야 했다. 나는 잠을 설치고 버스를 타지만, 스페인의 아름다운 풍경을 놓치지 않으려고 창밖을 보면서 다 감상하였다. 어디를 가도 아름다운 도시였다. 특히 가우디의 건축물을 눈앞에서 볼 때는 가슴이 두근거릴 정도였다. 볼수록 신비하고 상상을 초월하는 건축물이었다. 가우디가 스페인의 자랑이 될만하다는 생각이 들었다. 하지만 천재 건축가 가우디의 삶은 기대했던 것보다 우울한 인생을 보내고 생을 마감했다고 한다.

스페인 한 나라만 여행해도 갈 곳이 많았다. 첫 번째로 방문한 바르셀로나는 안토니오 가우디의 도시라고 할 만큼 가우디의 건축물이 숨 쉬고 있었다. 사그라다 파밀리아 성당은 아직도 진행 중이었다. 말로 표현하기 어려운 건축물이었고, 그 자태는 더욱 말이 안 나올 정도로 신비했다. 건축물의 섬세함은 인간의 한계를 이미 뛰어넘었다. 보고 있는 것만으로도 가슴이 두근거려 콩닥콩닥 뛰었다.

마드리드에는 왕실의 상징인 마드리드왕궁이 있었다. 왕궁 근처에서 말을 타고 한 바퀴 돌아보는 체험을 하기도 했다. 그라나다 왕실 예배당에는 스페인을 통일한 이사벨 1세와 페르난도 2세가 잠들어 있다고 했다. 고등학교 때 자주 듣던 '알함브라 궁전의 추억'이라는 음악을 자주 들었는데 알함브라 궁전을 걸으면서 가이드의 설명을 듣고 보니, 그곳도 권력의 피비린내가 나는 곳이었다. 생각했던 것보다 화려하지 않은 작은 궁전이었다. 라디오에서만

들었던 알함브라 궁전의 추억이 된 슬픈 음악이 왜 슬픔으로 가득했는지 이제는 알 것 같았다.

세비야에는 스페인 광장이 아름다운 자태를 뽐내고 있었다. 분수대 앞에 서 있는데 예쁜 무지개가 뜨는 것이 아닌가. 나는 찰칵, 한 컷을 사진에 고이 담아두었다. 아직도 휴대전화기 속에 사진이 있다. 매우 아름답고 감동적이 었던 세비야에 있는 스페인 광장이었다. 광장에서 배를 탈 수도 있을 만큼 작은 강물이 흐르고 있는 모습은 장관이었다. 광장의 첫인상은 여성스러운 모습이면서 웅장하기도 하여 나는 스페인 광장을 잊을 수 없다. 세비야에는 메트로 폴파라솔 세비야 대성당이 웅장하게 솟아 있었다. 여행하는 동안 날마다 가슴이 벅차오르는 감동 그 자체였다.

마드리드에 있는 프라도 미술관은 세계 3대 미술관이다. 프라도 미술관 입장권을 어렵게 구해서 들어갔다. 프라도 미술관은 스페인 왕실에서 수집한 작품을 전시하고 있는 스페인 대표 미술관이었다. 전시된 미술품은 입을 다물지 못할 지경이었다. 처음부터 '악' 소리가 저절로 나서, 끝날 때까지 멈출 수가 없었다. 이곳은 어마어마한 미술관으로, 생생하게 표현되어 있어서 살아 움직일 것 같았다. 대표 미술관답게 작품들도 국보급이었다. 스페인에 갈 계획이 있다면 꼭 추천하고 싶다.

프라도 미술관과 미국 뉴욕의 근대미술관, 러시아 상떼부르크의 에르미타주 미술관이 세계 3대 미술관이라고 한다. 미술관이 그 위엄을 충분히 이야기해 주고 있었다.

톨레도는 스페인의 옛 수도이고 기독교와 유대교, 이슬람교 유적이 함께 공존하고 있었다.

스페인을 짧게 한 바퀴 돌고 오는 느낌이었지만 제법 알뜰한 여행이었다. 오직 친구와 둘이서 다녀온 여행이어서 의미가 있었다. 한 나라만 보고도 이렇게 큰 감동과 울림이 있는데, 세상을 더 다녀본다면 얼마나 큰 감동으로 또 다가올까. 나는 늘 여행이라는 단어만 들어도 설렌다.

세상은 보는 것만큼 보인다고 했다. 더 크고 넓은 마음으로 세상을 바라보기 위해서라도 나는 또 어딘가로 떠날 것을 기대하며 살아간다. 다음엔 누구와 떠나게 될지 모르겠지만, 그 또한 설렌다. 우물 안 개구리처럼 아웅다웅하지 말고, 여행을 자주 가는 것은 일거양득(一擧兩得)이다. 세상도 구경하고 마음의 양식도 쌓을 뿐만 아니라, 경험으로 넓은 세상을 바라보게 된다. 나만의 이기적인 마음은 내려놓게 되고, 공존하여 살아야 함을 깨닫게 될 것이다.

학교에서 배울 수 없는 그 무엇을 여행을 통해 배우게 되면, 자신을 행복하게 해줄 것이다. 이것이 여행이 말해주고 있는 핵심이다. 여행은 교사이고, 미래 개척의 선구자가 된다. 나는 청년들에게 꼭 여행을 자주 가라고 추천한다. 해외여행이 아니더라도 좋다. 내가 할 수 있는 범위 안에서 국내든 해외든 많은 경험을 쌓아 스스로 깨달음과 방향을 찾아 멋진 미래를 만들기를 희망한다. 젊은이여! 꿈과 야망을 키워라!

또한 스페인은 정열의 나라, 플라멩코 춤으로 잘 알려져 있다. 방송 채널로만 보았던 플라멩코의 춤을 직관하였다. 음악과 춤사위가 예사롭지 않았다. 아무리 보아도 쉽게 따라 할 수 없는 춤이었다. 플라멩코 춤은 2010년 유네스코 세계 무형 문화유산에 등재되었다고 한다. 열정의 나라 스페인에서 나도 열정을 가득 담아 내 인생을 채우고 있었다.

여행 일정이 바쁘게 하루를 시작하고 마치다 보니, 시간이 어떻게 가는지도 모르게 여행이 마무리되어 가고 있었다. 짧은 시간 동안의 여행으로 스페인에 대해 다 알 수는 없었지만, 스페인은 내 가슴속에 영원히 기억될 것이다.

2002년 월드컵에서 스페인과 축구 경기할 때를 잊지 못한다. 스페인 선수가 거칠게 우리나라 선수에게 달려들어 부딪히면서 우리나라 선수가 피를 흘리며 혈전을 벌인 적이 있다. 스페인 선수의 거친 몸싸움으로 나쁜 기억이 있었지만, 여행을 가보니 스페인은 아름다운 나라로 스페인에 대해 좀 더 알게 되었다.

여행은 보는 것이다. 느끼는 것이다. 가슴에 담아 두는 것이다. 그리고 말하는 것이다.

"세상은 넓고 갈 곳은 많더라."

다음엔 어디로 떠날 것인가를 별이 빛나는 밤에 별에게 나지막하게 물어본다. 벌써 마음이 설레어 잠 못 이루고 있다.

05

나의
버킷리스트,
꿈의 하와이!

1989년 12월 10일, 결혼하고 신혼여행을 지리산으로 갔다. 그 당시 신혼여행을 제주도로 가는 것이 보통이었다. 그러나 우리는 제주도로 여행을 갈 만한 형편이 못되었다. 산장에 도착하니, 신혼여행을 온 사람이 한 팀 더 있었다. 산장에서 1박을 하고, 다음 날 지리산 등반을 했다. 다른 신혼 팀은 여자분이 임신 중이어서 등산을 못 했다. 지리산 등반 이후에는 신혼여행이 버스만 타고 다닌 것만 기억에 남아있다. 준비되지 않은 결혼은 내게 많은 혼란을 주었다. 신혼여행마저 어쩌면 사치였다.

누구나 꿈과 희망을 가슴에 안고 살고 있다. 나에게도 버킷리스트가 있었다. 죽기 전에 가야 한다는 하와이 여행이었다. 엄두도 못 내고 그저 마음에 상상만 하고 있었다.

나는 일하면서 학교 강의도 하고 있어서 일에 올인을 못하고 있었다. 나는 이제부터라도 일에 몰두 해야겠다고 생각하고 학교 강의를 그만두기로 했다.

회사 내에 프리미어 클럽이 있는데 달성해보고 싶었다. 계약 건수, 유지율, 성적, 신인 도입 등 이 네 가지가 기준에 도달해야 한다. 전문, 수석, 마스터, 이사(임원 대우)가 있는데, 급 호가 올라갈수록 성적이 당연히 높아진다. 한 가지만 잘하면 되는 것이 아니라 네 가지를 모두 갖추어야 하기에, 이사가 된 다는 것은 쉽지 않다. 나는 대학 강의를 그만두고 프리미어 클럽 이사에 도전 해 보기로 했다. 전문을 거쳐 수석은 그럭저럭 유지하고 있어서 이사를 도전 해 보기로 한 것이다.

수석 다음이 마스터이고, 다음 레벨이 이사대우다. 나는 관리대장을 만들 어서 하나씩 이루어갔다. 건수와 성적, 유지율을 꼼꼼히 챙기고, 신인 도입 이 되어 2016년 전국 15등으로 마스터에 도달했다. 이사대우는 역시 벽이 높았다. 회사에서 포상으로 하와이를 보내주었다. 33년 동안 일한 최고의 선 물이었다. 그림으로만 보던 와이키키 해변은 지구상의 다양한 사람들이 다 모여 있는 것 같았다. 저녁 식사 후 와이키키 해변을 거닐어 보니 부드러운 모래 촉감은 온몸의 신경세포를 깨워 주었다. 회사의 부회장님도 참석하시어 독려해주셨다. 일은 잘하고 볼 일이다. 최고의 호텔에서 최고의 대우를 받았 다. 격이 다른 여행이었고, 잊을 수 없는 멋진 하와이 여행이었다.

9박 10일 동안 티 없는 파란 하늘은 천국 같았고, 가는 곳마다 청정 그 자체였다. 공장이 없으니 그럴 만도 했다. 나 혼자만 즐기고 있는 것이 가족들에게는 미안했다. 가족들과는 다음을 기약하고 감사하는 마음으로 여행을 즐겼다. 어디를 가든 사람들의 얼굴에는 웃음꽃이 피어 있었고, 얼굴마다 행복 그 자체였다. 왜 그러지 않겠는가! 꿈의 여행지 하와이로 왔는데 얼마나 행복하겠는가! 그야말로 지상천국이 따로 없었고, 평화로움 그 자체였다. 최고의 파티, 해 질 무렵 선상에서 저녁노을을 바라보았던 그 순간을 잊을 수가 없다. 그동안 살아내느라 어려웠던 모든 것을 다 잊어버리고, 어깨를 누르던 다양한 역할에서 벗어나 나 자신에게 충실했다. 그동안 잘 해왔다고 나에게 칭찬과 격려를 해주었다.

하와이 빅아일랜드 헬기 투어는 평생 잊지 못할 것 같다. 기장을 포함해 여섯 명이 정원이어서 몸무게에 따라 인원이 조정되었다. 헬기로만 갈 수 있는 협곡에서 폭포를 볼 수 있었고, 구름 위를 날아가는 헬기 안에서 보는 하와이의 바다는 쪽빛 그 자체였다. 죽기 전에 하와이를 가봐야 한다는 말을 한 이유를 알 수 있었다. 하와이에 대한 자부심이 있는 기장의 설명과 함께 꿈을 꾸는 듯한 짧은 헬기 여행을 마쳤다. 빅아일랜드 헬기 투어에서 멋진 사진도 많이 찍고 행복한 일정을 보냈다.

사람들이 왜 미친 듯이 일하는지 알게 되었다. 나는 처음 온 여행이지만, 같이 여행하러 온 사람들은 상위권을 지키는 사람들이어서 해마다 최고의 여행을 했다고 한다. 작년에는 스위스에 갔고, 재작년에는 미국에 갔었다고 한다. 해마다 포상으로 주어지는 해외여행이 그들만의 리그 같은 것이 있었다. 나도 이 대열에 합류했다는 것만으로도 뜻깊고 보람 있는 시간이었다. 이사를 달성한 사람도 몇 명 있었다. 나는 마스터 자격으로 처음 여행하러 왔지만, 해마다 참석하는 사람들을 보니, 정말 존경스러웠다. 상위권에 드는 일이 힘든 일임을 알기에 더 축하해주면서 박수를 보냈다.

저녁에는 선상에서 파티가 있었다. 와인 잔에 아름답게 지는 노을도 함께 담아 천천히 한 모금씩 마시니 지나온 시간이 밀물처럼 다가온다. 삶은 빨리 달려가야 하는 것이 아니라 천천히 그리고 정도로 가는 것이 중요하다는 것을 알게 되었다. 죽기 전에 하와이를 여행하는 것이 나의 버킷리스트에 있었는데, 그 버킷리스트 하나를 이룬 뜨거운 2016년이었다.

일만 하려고 이 세상에 온 사람은 없다. 돈과 시간의 여유가 생겨 여행을 가는 사람이 많아졌다. 이것이 모든 사람의 바람이지 않는가! 여행이란 여행하는 그 시간만큼은 그동안 사느라 힘들어했던 모든 일을 잊고 행복한 나라에 도착하는 것 같다.

요즘 젊은 사람들은 돈을 버는 목적이 여행을 가기 위해서라고 한다. 1년 열심히 벌어서 해외여행 한 달 다녀온다는 것이다. 그야말로 멋진 삶을 사는 것이다. 나는 열심히 일도 하고 해외여행도 포상으로 다녀오니 얼마나 고마운 일인가! 나의 일에 자부심을 느끼게 되어 다음에도 꼭 포상으로 해외여행에 참석해야겠다는 목표도 생겼다. 일해야 하는 이유가 또 하나 생긴 것이다. 이젠 아이도 다 키우고 나만의 시간이 필요하다. 직장에 다니는 사람들은 은

퇴 후 해외여행 가는 것을 꿈꾸고 있는데, 나는 은퇴가 아닌 지금 여행을 갈 수 있는 것이 얼마나 다행인지 참으로 고마운 일이다. 해외여행은 열심히 살아온 나에게 준 최고의 선물 같은 것이다. 선물은 받을수록 마음이 풍요로워지고, 삶이 알차게 꽉 차는 것 같다. 해마다 해외여행을 갈 수 있으면 얼마나 좋을까!

하와이는 신혼여행지로 1순위라고 알려져 있다. 왜 그런지 여행을 해보니 이유를 알 수 있었다. 나의 신혼여행지는 지리산! 소박했던 여행으로 기억에 남는 특별한 것이 없다. 하와이로 신혼여행을 오는 사람은 매우 행복할 것 같다. 아름다운 하와이에서 행복한 인생을 설계할 신혼부부들의 모습을 상상하면서 이런 생각을 하게 되었다. '내가 다시 태어난다면 신혼여행을 하와이로 오리라.'

하와이는 뜨거운 태양만큼 열정이 있는 곳이었다. 맑은 공기와 푸른 하늘은 모든 근심 걱정을 모두 바닷속에 던져 버리게 했고, 오로지 나에게 충실하게 했다. 그동안 살면서 나에게만 충실했던 적이 얼마나 될까? 엄마 역할, 맏며느리 역할, 아내 역할, 맏딸의 역할로 숨 가쁘게 살아왔다. 그리고 직장인으로서 열심히 달려왔다. 경쟁 사회에서 살아남기 위해서 공부하고, 일하며, 밤을 꼬박 새울 때도 많았다. 지난 모든 일이 스크린처럼 재빠르게 지나가고 있다.

내 인생에서 가장 기억에 남는 하와이 여행은 나의 보물처럼 여겨지는 여행이다. 내 기억 속에서 하와이만 생각하면 어깨가 으쓱해지니 말이다. 그리고 입가에 미소가 절로 지어지니 말이다. 6년이라는 시간이 흘렀지만, 하와이 여행은 어제 일처럼 눈앞에 생생하다. 시간이 지나도 과거 속으로 여행할 수 있다는 건 얼마나 의미 있는 일인가! 건강해야 여행도 할 수 있으니 이제는 일보다는 여행을 더 많이 하리라. 앞으로 여행할 수 있는 시간이 얼마나 될지 모르지만, 지금부터 10년 동안은 여행에 집중해보리라. 글을 쓰는 데 도움이 되고, 정신건강에도 좋아 행복으로 가득해지기 때문이다.

돈이 많다고 하여 풍요로운 것이 아니다. 정신적으로 풍요로워지기 위해 그리고 건강해지기 위해 여행을 가야 한다. 여행지를 그림으로 보는 것이 아닌 가슴으로 느끼기 위해 나는 새로운 여행을 꿈꾸고 있다.

독서는 집에서 하는 여행이고, 여행은 걸어서 하는 독서라고 했다. 나는 후자를 선호하리라.

사상가 아우구스티누스(Aurelius Augustinus)도 이런 말을 남겼다.

"세계는 한 권의 책이다. 여행하지 않는 사람은 그 책의 한 페이지만 읽는 것과 같다."

06

기적은
늘
일어나고 있다

보험회사에서 일한 지 33년이 되어간다. 어쩌다 시작하게 된 일이 이렇게 오래 할 줄은 나도 몰랐다. 1991년 처음에 삼성이라는 보험회사에 다닐 때는 보험을 공부하기 바빴고, 대구에 연고가 없어서 개척 영업으로 시작했다. 생면부지의 사람을 한 번 만나고 두 번 만나고 주기적으로 방문하다 보니 작은 계약이지만 체결하기도 했다. 나에게는 작은 기적이 일어나고 있었다. 이렇게 수많은 사람을 매일 만나면서 가망고객을 만들어 갔다. 1992년 어느 날, 같은 사무실 동료가 월 보험료로 100만 원을 계약했다는 것이었다. 모두 환호와 함께 축하의 박수를 보냈다. 내 주변에는 큰 금액을 해줄 사람도 없거니와 나에게는 그저 꿈이었다. 그때 나는 이 일을 그만두기 전에 나도 큰 금액을 한 건만이라도 해보고 그만두리라 생각했다. 그런데 아무리 열심히 해도 큰 금액은 나오질 않았다. 늘 만 원에서 3만 원 수준의 보험료였다. 직장인을 대상으로 하다 보니 어쩔 수 없었다. 그렇게 소액으로 한 건씩 하다 보니 급여도 늘어나지 않았다. 100만 원 계약했던 동료는 급여가 200만 원이라고 했다. 그 당시 남편 급여가 37만 원이었다. 엄청나게 큰 금액이었다. '나도 백만 원 받아볼 수 있을까? 받을 수 있기는 한 걸까?' 부의 세계는 늘 자존심을 건드린다.

그 동료는 나보다 입사가 1년 빠르다고 했다. '그 친구와 같은 일을 하는데, 나는 왜 안 되지? 내 주변에는 왜 부자가 없을까? 역시 나는 이 일이 적성이 아닌가 보다.'라고 생각하면서 그만둘까 하다가도, 어김없이 다음 날에도 출근하고 있었다. 6개월쯤 되자, 보험 계약 건수가 늘어나고 나도 급여가 100만 원을 받게 되었다. 나에게도 기적이 일어났다. 나는 굳게 결심했다. 이 일을 한번 제대로 해보자고. 그리고 또 목표를 두었다. 백만 원의 계약을 할 때까지 해보자고.

1999년 12월, 대학원 공부를 위해 회사를 옮겨야 했다. 경영대학원 석사과정을 시작했고, 외국 보험사로 직장을 옮겼다. 새로운 동기와 함께 일하기 시작했다. 석사 동기들은 대부분 회사를 경영하는 사람들이 많았고, 직장인도 있었다. 나는 동기들의 추천으로 부회장을 맡게 되어 대학원 일에도 열심히 했다. 드디어 동기 중 한 사람이 300만 원의 연금에 가입해주었다. 나에게 또 기적이 일어났다. 지금도 그때를 생각하면 가슴이 벌렁거린다. 등줄기에서 땀이 비 오듯 흘러내렸고, 꿈인지 생시인지 계약을 체결하고 사무실로 돌아왔다. 그때 처음으로 큰 환호성과 함께 박수갈채를 받았다. '공부 시작하길 잘했구나!' 나는 가능성을 또 발견하였다. 나에게도 이렇게 기적이 일어난다는 것에 놀랍고 신기했다. 조금씩 자신감이 생기기 시작했다. 나는 일하면서 일주일에 두 번, 화요일과 목요일에 대학원에 갔다. 이렇게 공부도 하고 인맥도 넓혀가고 있었다.

수요일에는 저녁에 휴먼 리더십 강의를 들으러 갔다. 리더십 강의를 받은 동료 중 한 사람이 눈에 띄었다. 지적이고 패셔너블하고 여성스럽기까지 했다. 나보다 연배는 10년 정도 더 있었지만 젊어 보였다. 10주간 리더십 교육을 마치고 개인적으로 차 한잔했다. 처음엔 무슨 일 하는지도 몰랐는데 꽤 큰 병원 사모님이었다. 그 정도면 일을 안 해도 될 듯한데, 개인 일을 하고 있었고 검소한 모습이 인상적이었다. 배울 점이 많은 분이었고 지혜로운 분이었다. 이분을 따라다니면서 많은 것을 배우고 싶었다. '이분은 보험도 엄청 많이 가입하고 있겠지?'라고 생각하면서 나는 어렵게 명함을 드렸다. 보험 일을 한 지 얼마나 되었냐고 내게 물어, 20년 정도 되었다고 했다. 보험을 많이 가입하고 있어서 작은 것으로 하나 해주신다고 하면서 월 100만 원을 흔쾌히 계약해 주었다. 2012년 9월에 있었던 일이다. 더 큰 기적은 2013년에 2월에 일어났다. 월 1,000만 원에 가입해주었다. 물론 정부 정책으로 비과세 금액이 변동되어 보험을 권유했는데, 나에게 또 큰 기적이 일어난 것이다. 내 생애 가장 큰 월 보험료이다. 나를 믿어주고 마음을 내어주셔서 매우 감사했다. 이처럼 기적은 늘 일어나고 있다는 것에 나는 신비로움과 감사함에 어찌해야 할 줄 몰랐다. 나도 할 수 있다는 자신감과 함께 일하는 것에 보람도 느끼고, 공부하는 것도 신이 났다. 몸은 힘들었지만, 마음은 날아갈 듯 기쁘고 행복했다. 출근도 더 일찍 해서 열심히 일했다. '앞으로 또 어떤 기적들이 일어날까?'라고 생각하면서.

이 세상의 기적은 남의 일이 아님을 스스로 경험했다. 나는 이제 이야기할 수 있다. 기적은 늘 함께하고 있다는 것을. 단, 내가 모르고 지나칠 뿐이라고…….

나는 처음부터 일등이 목표가 아니었다. 내가 살아가면서 하고 싶은 것을 하는 것이 목표였다. 집을 마련하는 데 보탬이 되는 것, 공부하는 데 남편의 돈이 아닌 내 수입으로 하는 것, 친정 부모님 용돈을 드리는 것 등이다. 그리고 자녀 뒷바라지하는 데 부족하지 않을 만큼이면 만족했다. 그리고 이 일을 오래 하는 것이었다.

보험회사에서 일한 지 1년이 넘었다고 말하면 대단하다고 인사를 했다. 10년이 넘었다고 하면 입을 다물지 못했고, 20년 넘은 사람은 거의 없었다. 나는 지금 33년째 이 일을 하고 있다. 나는 이렇게 기적적으로 살아남아 일하고 있다. 이 기적이 많은 사람에게 신뢰로 돌아가게 되어 고마울 때가 많아진다. 기적은 또 다른 기적을 낳는다. 보험 일을 하는 FC의 첫 번째 로망이 MDRT이고, 그다음이 COT, TOT이다. 나는 MDRT를 거의 15년 정도 했다. 3년 정도 협회등록을 하였으나 그 후로는 협회등록을 하지 않았다. 시간이 없어서 세미나에 참석할 수 없었기 때문이다. 참석도 하지 않으면서 등록비를 내는 것이 아까웠다. 10년 이상 하면 종신회원 자격이 되지만 난 상관없었다.

내가 하는 일이 더 중요했고, 형식보다는 현실 위주로 살고 싶었다. 2016년에는 COT을 달성했다. 이런 기적이 나에게도 오다니! 기적은 날마다 일어나고 있었다. 지금도 나는 매일 아침 태양이 떠오르면, 베란다에서 가슴 벅차게 태양을 안아본다. 오늘도 그렇게 기적을 맞이한다. 일을 잘하기보다는 오래 할 수 있기를 바라는 마음으로 기도한다.

평균수명이 늘어나 100세 시대를 살아가는 현실에서, 정년이 없는 이 일을 오래 할 수 있다는 점이 가장 좋다. 일함으로 건강하게 되고 경제적으로도 도움이 되기 때문이다. 자녀들에게도 손 안 벌리고 내 취미활동도 하면서 남은 시간을 알차고 행복하게 살고 싶다. 늘 맞이하는 아침이 이제는 기적처럼 느껴진다. 하루의 소중함을 깨닫도록 허락하신 신께 감사한다. 그저 일상이 건강하고, 고운 마음을 보호하여 상처받지 않도록 노력해야 한다. 부모님께서 주신, 이 건강한 육신을 잘 지켜야 한다. 맛있는 음식을 먹을 수 있어 행복하고, 걸을 수 있는 것도 감사하다.

지난주 친정에 다니러 갔다가 연로하신 아버지를 뵈었다. 드시고 싶어도 드시지 못하는 고통을 보았고, 걷고 싶어도 자주 주저앉는 모습으로 인해 내

가슴이 찢어졌다. 아버지를 통해 일상의 소중함을 알게 되었다.

그동안 내가 얼마나 행복한 사람이었는지를 이제야 알겠다. 감사하고 또 감사하다. 그동안 감사보다 부족함을 느끼고 살아온 나의 어리석은 모습을 지우고 싶다. 이제 평범한 일상이 곧 기적이며, 기적은 날마다 내게 일어나고 있다는 것을 알았다. 기적의 아침을 내일도 맞이할 수 있기를 기도한다. 내가 만난 기적을 오늘, 어디에서든지 나눌 수 있기를 기대한다.

작은 것을 가볍게 여기지 않으며, 작은 것을 모아야 큰 것을 이룰 수 있다는 진리를 깨달아 갈 때, 인생의 오묘한 맛을 깊이 느끼게 된다. 기적은 늘 곁에서 일어나고 있으나 바쁘게 살아가다 보면 기적을 알아차리지 못하고 있다.

다음은 유대 경건주의 운동의 창시자이자 랍비 바알 셈 토브(Baal Shem Tov)의 말이다.

"세상에는 경이와 기적이 가득하다. 그러나 사람은 그의 작은 손으로 눈을 가리기 때문에 아무것도 볼 수가 없다."

이제는 쉬엄쉬엄 주변을 둘러보면서 또 다른 기적들을 만나보고 싶다. 요즘 들어 내가 자주 하늘을 올려다보게 된다.

07

아버지의
등

2022년 8월의 마지막 주말이 되자, 무더위가 서서히 물러나고 있었다. 처서가 지나면 모기도 입이 비뚤어져 물지 않는다고 했다. 나는 한 달 만에 친정아버지를 뵙기 위해 아침 일찍 서둘러 고향으로 달려갔다. 어제 미리 토종닭과 전복을 사두어, 아버지께 맛있게 해드릴 생각이었다. 표고버섯과 마늘도 넉넉하게 준비했다. 마음은 급해 운전하면서도 이미 집에 가 있었다. 쉬지 않고 달리니 2시간 20분 만에 집에 도착했다.

도착하자마자 준비한 토종닭과 전복을 넣고 푹 삶아서, 그중 전복만 건져 믹서기에 갈아 묽게 하여 아버지께 드렸다. 그런데 다섯 숟가락 정도만 드시고 못 먹겠다고 하셨다. 이젠 먹고 싶어도 넘어가지 않는다고 하셨다. 얼굴은 앙상하게 광대뼈만 남아 있었다. 흰 러닝 속옷은 컸고, 갈비뼈 모양이 다 드러날 정도로 앙상해지셨다. 정신은 괜찮으셔서 퀭한 눈으로 사람을 다 알아보시니 다행이다. 누워 계셨는데, 피골이 맞닿은 모습이었다.

온 세상은 아직 초록빛으로 입추가 지난 것도 잊을 정도인데, 아버지는 겨울을 향해 달려가는 나무처럼 느껴졌다. 바람이 불어 잎새들은 다 떨어지고, 앙상한 나무 한 그루 남아 혼자 버티고 있는 것 같았다.

집 앞에 보이는 넓은 들판은 곡식을 영글기 위해 햇볕을 한가로이 쬐고 있고, 아버지가 다니셨던 동네회관 앞에 서 있는 느티나무는 풍성한 잎새들이 서로 얼굴을 비비고 있건만, 아버지는 삶의 끈을 언제 놓을지 모르는 힘겨운 시간을 버티고 계셨다. 하루라도 더 버티기 위해서는 곡기를 드셔야 한다. 그것마저도 놓아버리면 아버지는 먼 여행을 떠나실 것 같아 마음이 찢어졌다. 이런 아버지의 모습을 보고 있으려니 오만가지 생각이 났다. 내가 어렸을 때부터 엄하시어 가까이하기엔 먼 아버지였다. 없는 살림에 자식들 굶기지 않으시려고 온 고생을 다 하신 아버지를 나는 원망했었다. 왜 우리 집에는 돈이 없냐고 물어보기도 했다. 그때는 정말 철없는 딸이었다.

추운 겨울 캄캄한 새벽에도 아버지는 늘 일찍 일어나시어 일하러 가셨다. 한 푼이라도 더 벌려고 남의 집에 일을 도와주러 가신 것이었다. 일하러 가시기 전에, 하루도 빠지지 않고 큰 집에서 사시는 할머니 집에 아침 문안 인사를 하고 가셨다. 내가 매일 할머니 집에서 잠을 잤기 때문에 새벽이 오면 어김없이 아버지의 목소리를 들을 수 있었다. 그렇게 부지런하고 한 시간도 쉴 틈 없이 일하시던 아버지는 이제 누워만 계시고, 가끔 일어나려고 하면 무척 힘들어 보인다. 등을 받쳐드리려고 손을 대니 등이 아니라 고목 나무껍질 같았다. 온기 없는 싸늘한 체온이 전신으로 느껴져 허무함과 서글픔이 밀물처럼 밀려왔다.

아버지는 할머니의 둘째 아들이었다. 불행하게도 큰 아버님께서 일찍 돌아가시어 아버지는 장남 역할을 하려고 노력하신 것 같다. 그리고 할머니의 큰 아들을 잃은 슬픔을 조금이라도 위로해드리려고 아침마다 문안 인사를 드린 것 같다. 나는 할머니에 대한 아버지의 효심을 잊을 수 없다. 할머니를 대하는 아버지의 그 모습, 그 목소리가 내게 생생하게 남아 있다. 부지런하기로 소문 난 아버지였는데, 이제는 아무 일도 하실 수 없다. 엄마의 어린아이가 되셨다. 내가 대신해 드릴 수 없는 것, 통곡해도 소용없다는 것을 깨닫게 되었다. 한평생을 부지런하게 살아온 아버지의 마지막 삶이 이런 것인가? 가슴이 미어진다.

어린 시절, 여름이 되면 아버지는 짱뚱어를 자주 잡아 오셨다. 짱뚱어를 낚시로 잡아 오신 날이면, 나는 고구마 줄기를 뜯으러 가야 했다. 엄마가 맛있는 짱뚱어탕을 끓이기 위해서는 고구마 줄기가 꼭 필요했기 때문이다. 호박 잎도 숭숭 썰어 넣고, 고구마 줄기의 껍질을 벗기고 삶아서 된장에 조물조물 무쳐 넣었으며, 생고추를 절구통에 빻아 넣어 짱뚱어탕을 끓였다. 맛있는 짱뚱어탕이 가마솥에서 부글부글 끓어오르면, 맛있는 냄새가 온 집안에 퍼졌다. 우리 육 남매는 모닥불을 피우고 마당에 앉아 오순도순 모기에 물리면서 맛있는 저녁을 배부르게 먹었다. 식사 후에는 마당에 깔아놓은 멍석에 누워 밤하늘의 수많은 별을 세고 또 세다가 잠들기도 했다.

이제 앙상한 아버지의 모습을 보니 짱뚱어탕이 사무치게 그리워진다. 배고픈 시절에 유일하게 배불리 먹었던 여름 특별식 짱뚱어탕이었다. 나는 아버지의 사랑이 듬뿍 담긴 짱뚱어탕을 잊을 수 없다. 야속한 세월 앞에서 그 무엇도 장사가 없다.

'나는 누구이고, 무엇을 위해 살았는가?'에 대해 생각하게 되었다. 아버지를 위해 아무것도 해드릴 수 없는 작은 내 모습에 인간의 한계를 느낀다. 열심히 살아왔기 때문에 나름대로 내가 잘난 줄 알았었는데, 아무것도 해드릴 수 없다는 것에 마음만 촛불처럼 타들어 가 내가 원망스럽다. 무심한 하늘만 창밖으로 내다보며 깊은 한숨을 짓는다. 아버지의 추운 겨울이 점점 더 가까이 다가옴을 직감하고 있다. 그 누구도 대신할 수 없는 것이 '삶'이라는 것을 온몸으로 느껴진다. 얼마나 더 버티실 수 있을까? 나 혼자 내게 물어보고 답 듣기를 거부한다. 떨어지지 않는 발걸음으로 "아버지, 조만간 또 올게요."라고 인사하고, 다음날이면 또 친정을 나선다. 어머니도 82세, 당신도 거동이 불편하시지만, 아기가 된 아버지를 보살펴셔야 한다.

자식이 6남매이면 무슨 소용인가? 저마다 서울, 인천, 순천, 대구에서 저 살기 바쁜 것을. 자식은 주말이면 잠시 내려왔다가 가는 것이 고작이다.

아버지는 병원 가시는 것을 죽을 만큼 싫어하신다. 연세가 많으신 대부분 사람은 건강이 좋지 않으면 병원에 계시다가 병원에서 생을 마감하시는데, 우리 아버지는 건강이 좋지 않지만, 집에서 뵐 수 있어서 다행이다. 이젠 아버지의 큰 나무 그늘이 없어질 것을 생각하니 마음이 벌써 텅 비어 버린다. '좀 더 자주 찾아뵐걸.', '자주 전화를 드릴걸.' 등 후회되는 것들이 한둘이 아니다. 떨어지지 않는 발걸음에 집으로 돌아가는 길이 멀게만 느껴졌다. 아버지가 편찮으신 후, 내 마음이 이토록 중심을 잃고 허우적거리고 있음을 알면서도 내가 어떻게 해야 할지 아무것도 모른 채 시간만 가고 있다. 혼자 운전하면서 돌아오는데, 평소 같으면 음악을 들으며 운전했던 나는 출발할 때부터 조용하게 운전만 하고 집으로 왔다. 조용한 차 안의 공간이 '삶'에 대해 깊이 생각하게 했다. 운전하기 힘들 정도로 자꾸 눈물이 나와, 진정으로 아버지를 생각한다면 정신을 차리자고 자문자답했다.

말딸로서 아버지를 위해 할 수 있는 것은 아무것도 없었다. 마음에 빚만 남아있다. 열심히 살겠다고 달려오다 보니 아버지는 이제 그 옛날의 아버지가 아니었다. 나는 누구를 위해 그토록 열심히 달려온 걸까? 그동안 아버지를 제대로 챙기지 못하고 살았다. '무엇이 중헌디?'라는 영화 대사가 이토록 뼈아프게 다가올 줄은 몰랐다. 이제 생각해보니 아버지와 여행 가본 기억도 없다. 그동안 무엇을 하고 살았지? 무언가 '와르르' 무너지는 듯한 소리가 마음에서 천둥처럼 퍼진다.

'내 새끼 챙기듯 부모도 챙겨야 했는데 부모는 뒷전이었구나!' 늘 건강하실 줄 알았다. 친정이 멀다는 핑계로 그저 그렇게 내 편한 대로 살았다는 생각으로, 후회가 갑자기 밀려오는 거센 파도 같이 소용돌이친다. 열심히 살면 되는 줄 알았는데, 어리석은 나는 이제야 알게 되었다.

아버지는 내 곁에 영원히 함께하실 줄 알았는데 쇠약해지신 모습을 뵈니 모든 게 허상이다. 허상이로다. 허상이로다. 내가 이렇게 허무한데, 지금 아버지의 마음은 어떠하실까? "잠들 듯 조용히 가고 싶다."라고 하셨을 때, "별말씀을 다 하시네요."라고 했었다. 그런데 지금, 아버지의 그 말씀이 무슨 뜻인지 이제야 알 것 같다. 모든 걸 다 내려놓고 편안하게 주무시듯 떠나고 싶은 마음을 이제야 알겠다.

나는 아버지를 위해 절에 가서 부처님께 기도드렸다. 주무시듯 편안하게 모시고 가시라고.

딸이 이런 기도를 하는 것이 옳은 일인지 그른지도 모르겠지만, 아버지를 위해 진심으로 기도했다. 딸이 할 수 있는 일이 고작 이런 것인가 생각하니 어처구니가 없었지만, 지금은 기도가 최선이었다. 태풍이 휩쓸어버린 들판처럼 내 마음은 이리 자빠지고 저리 자빠져 어수선하다. 절 옆으로 흐르는 금호강 물결이 바람에 출렁이고 있었다. 내 인생의 바람은 무엇이고 물결은 무엇일까? 나는 대답 없는 걸음으로 금호 강변을 걸었다.

뜨거운 여름이 지나고, 선선한 가을 9월이 시작되었다. 시간이 흐르듯 인생도 흘러가고 있다. 이젠 뜨거운 열정보다는 조용한 평온함으로 살아가련

다. 이것이 자연의 섭리인가? 나이에 맞게 생각하고 행동하고, 상황에 맞게 비워낼 줄 알아야 한다. 해가 지면 하루가 가고, 달이 차고 기울면 한 달이 가고, 그러다 보면 일 년이 금방 가버린다. 온통 초록으로 물든 들판은 곧 황금 들판으로 변하게 될 것이다. 가을이 소리 없이 오고 또 소리 없이 가게 되면, 아버지의 싸늘한 등처럼 겨울이 또 오겠지. 손끝에서 아버지의 등을 만지던 느낌이 멈추어 있다.

08

모든 것을
알
필요는 없다

세상에 태어나 평생을 함께 살기 위해 한 사람을 만나 결혼한다. 이 세상에서 가장 소중한 사람이 생긴 것이다. 내 인생의 동반자로 함께 해도 될 것 같아 사랑의 열매로 자녀를 낳아 키우고, 행복하게 살아간다. 달콤한 신혼 1년이 지나면, 어느새 여성의 입장은 1인 4역, 5역을 해야 한다. 시댁 며느리로 경조사를 챙겨야 하고, 아이를 출산하면 아이를 돌봐야 하며, 직장 일로 바쁘게 살아간다. 친정 쪽에서의 딸 역할, 형제자매의 역할도 있다. 아이들은 어느새 커서 어린이집에 보내고, 초등학생을 거쳐 중학생이 되고, 고등학생이 된다. 엄마들은 수능 엄마가 되어 자녀를 좋은 대학으로 보내려고 안간힘을 쓴다.

여름이 되고 장마가 오면 도랑에 급물살을 타고 흘러가는 물처럼 시간이 빠르게 지나간다. 그렇게 몇 년이 지나면, 자녀들은 자신의 갈 길을 가고, 부부간의 사랑은 새끼들이 날아가 버린 빈 둥지처럼 허전하다. 그제야 거울 속의 자신과 마주 보게 된다. 세월의 흔적이 고여있는 중년의 얼굴은 원하지 않는 모습이다. 허전한 마음이 밀려오고 자신이 누구인지를 돌아보게 된다. 늘 곁에 있지만, 따뜻한 말 한마디를 건넬 줄 모르는 사람과 함께 하면서 지치고 찌든 모습이 가득하여 가엾다. 여자들은 큰 것을 바라는 것이 아니다. 지칠 때 위로의 말 한마디가 필요하고, 힘들 때 기댈 수 있는 기둥이 되어주면 된다. 열심히 살아왔는데 껍데기만 있는 것 같은 느낌은 무엇일까? 내가 잘못 살아온 것일까. 그동안 나는 무엇을 위해 살아왔고 누구를 위해 살아왔을까? 마음이 텅 비어 버려서 빠르게 지난 세월이 야속하다.

가족이라는 이유로 쉽게 말하고, 빗나간 말들은 많은 상처를 받지만 참고 살아간다. 원하지도 않은 조언을 하면서 그것이 자신의 역할인 양 착각하기도 한다. 조언은 하면 할수록 벽은 더 두꺼워지고, 급기야 한집에 사는 남의 집 아저씨 같은 느낌이라면 이건 무엇을 의미하는 걸까? 사람들의 이런 이야기를 듣고 있노라면 마음이 아프다. 중년 여성들의 똑같은 이야기는 누구를 막론하고 거의 흡사하다. 가족이기에 편해서 그렇게 해도 되는 법이라도 있는 것인지. 세월이 갈수록 더 아끼고 사랑하면 좋으련만 너는 너, 나는 나대로 살아가고 있다. 부부가 함께하는 것이 부담스럽단다. 차라리 혼자가 편하단다. 나이 들어가면서 함께 즐기며 살아가면 좋으련만, 현실은 그렇지 않다. 물론, 모든 사람이 그런 것은 아니다. 중년 여성의 이야기를 듣다 보면 공감하게 된다. 한때는 나만 바라보던 남편이 이제는 '남의 편'이 되어 있단다. 다른 사람 이야기는 다 들어도 아내 말은 안 듣는다는 그의 이름은 남편이란다. 왜 여자들이 수다가 필요한지를 알 것 같다. 그동안 함께해 온 세월은 어디로 가버린 것인가! 서로 이해하고 위로하고 챙겨주어야 하건만, 때로는 남보다 더 못할 때가 있다. 가족은 세월이 흘러도 진한 사골곰탕 같은 것이라야 하는데 말이다. 깊고 담백한 맛이 나야 한다. 조미료로 맛을 낸 음식 맛은 오래 갈 수 없다. 사람도 조미료 맛을 내게 되면 인간미가 떨어진다.

상처는 가까운 사람에게서 더 크게 받는다. 그리고 언어로 받은 상처는 아물지 않는다. 아무리 편한 사람이라도 언어로 아물지 못하는 상처는 주지 말아야 한다. 왜냐하면 본인에게 부메랑처럼 다시 돌아가기 때문이다. 사람들은 안타깝게도 그것을 잘 모른다. 이토록 아름다운 세상에 살면서 왜 남에게 상처를 주면서 살아가는지, 사랑을 주어도 모자랄 세상인데 말이다. 덕을 쌓으면 덕이 되돌아올 것이다. 덕은 그냥 오지 않는다. 그 누구도 상처받을 권리는 없다. 자기만의 알량한 잣대로 남을 평가하지 말아야 한다. 지나친 관심은 간섭이 되고 무관심은 방관이 되어 무너진다. 사람들의 관계는 난로처럼 따뜻함을 느낄 수 있는 정도가 좋다. 너무 가까우면 뜨거워 살을 데이고, 너무 멀어지면 따스함을 느낄 수 없는 관계가 된다. 세상은 혼자 살아갈 수 없다. 적당한 온도의 따스함이 있으면 될 일이다.

나를 힘들게 만드는 것은 무엇일까를 곰곰이 생각해보았다. 모든 것을 알려고 했던 나에게 문제점이 있었다. 이제는 답을 알 것 같다. '모든 것을 다알 필요 없다.' 내가 살아가는 데 필요한 것만 알아도 충분하다. 내가 아무리 마음으로 준다 해도 상대가 모르면 그만이다. 내 진심을 몰라주면 서운하기도 하겠지만, 나의 영역이 아니다. 내가 해야 할 역할을 했으면 그만이다. 나머지는 신의 영역이다. 나는 김호중의 '고맙소.'라는 노래 가사를 들으면 서운한 내 마음을 알아주는 것 같아 마음이 녹아내린다. 밤마다 잠자기 전에 혼자 노래를 듣고, 위로를 받으며 하루를 정리한다.

이제는 나를 행복하게 하는 힘은 무엇일까에 대해 생각하며 살아가려고 한다. 첫째는 건강이다. 오래 사는 것이 목적이 아니라 건강하게 사는 것이 목적이다. 건강하게 살기 위해서는 매일 운동하고, 건강한 식단을 구성해야 한다. 잘 먹어야 힘이 생기기 때문이다. 그리고 수면의 질도 중요하다. 푹 자고일어나면 몸이 가벼워진 것을 느낄 수 있다. 즐거운 생활과 취미활동으로 내삶이 풍요롭게 되면 행복한 삶을 살아갈 수 있을 것이다. 취미로는 독서와 여행, 악기 하나는 연주할 수 있으면 좋겠다. 악기는 아코디언으로 정했다. 열심히 배워서 연주하며 즐겨보리라. 오랜 시간 함께 해온 주변 사람을 소중하게 여기며 함께할 것이다. 때로는 가족보다 더 깊은 이야기를 나누고, 공감하며 많은 시간을 함께해 온 사람들이다. 내 삶의 반을 같이 해온 인생의 또 다른 동반자이다.

젊음은 늘 아름다운 것이다. 이제 지나고 보니 잠깐의 시간이지만 열정으로 살아왔다. 흔들리고 무너지며 마음이 찢어지면서 아픈 상처도 있었지만, 좋은 경험과 교훈도 가져다주었다. 감사한 일도 많았다. 나는 이제 인생의 맛, 쓰디쓴 삶의 맛을 조금은 알 것 같다. 만약에 과거로 돌아가라고 한다면, 나는 되돌아가지 않을 것이다. 지금 이대로 천천히 앞만 보고 나아가 내 갈 길을 가리라.

인생은 두 번이 없다. 말도 행동도 그렇다. 한번 뱉어버린 말은 주워 담을 수 없다. 그래서 말을 어떻게 하느냐에 따라 그 사람의 인격과 품격의 잣대를 들이대는지도 모른다. 행동도 마찬가지이다. 말만 하고 행동하지 않는 사람도 있고, 말보다 행동이 앞서는 사람도 있다. 사람들은 다 알고 있다. 단지, 말하지 않을 뿐이다. 때로는 말할 가치가 없는 일도 있다. 말하지 않는다고 모르는 줄 알면 그 사람의 착각이다.

세상을 살아가기 위해서는 기본이 있다. 이 기본은 내 생각의 기준이 아니라 모든 사람의 기준이 같을 때 기본이라고 말할 수 있다. 하지만 자기 생각을 고집하면서 기본을 무너뜨리려고 하는 사람도 있다. "그건 너의 생각이고."라고 하면서 기본을 사정없이 깔아뭉갠다. 그런 사람과는 대화를 나눌 수 없다. 소통이 안 되고 싸우려고 덤비는 사람은 반드시 피해야 한다. 소통되는 사람과 좋은 대화를 나눌 때 함께하는 시간이 행복하다. 잠시 있어도 행복한 사람이 있고, 오래 있어도 불편한 사람이 있다. 나의 말과 행동은 어떤 영향을 주었는지 생각하면서 앞으로의 나의 삶을 수정해 가야겠다. 작지만 영향력 있는 말과 행동으로 사람들에게 힘이 되는 말 한마디를 하고, 영향력 있는 행동으로 사람들에게 다가가야겠다. 삶이 어려운 것이 아니라, 말하고 행동을 어떻게 해야 하는지가 어려운 숙제이다. 누구나 기본 규칙을 지키고 행동하면 이 세상은 바르고 정의롭게 굴러갈 것이다. 기본선을 잘 지키면 멋지고 아름다운 삶이 될 것이며, 이 세상과 이별할 때도 후회 없으리라. 남은 사람들에게도 좋은 영향력을 끼치게 될 것이며, 죽어서도 기억에 남을 것이다.

사람은 죽고 나면 할 일이 없다. 하지만 그 사람의 생전의 말과 행동은 모든 사람에게 기억된다. 그래서 우리는 말과 행동을 함부로 해서는 절대 안 된다는 것을 알아야 한다. 모든 사람이 모든 것을 알 필요는 없지만, 이것만은 알아야 한다.

유대 경전에도 이런 말이 있다.

"현명한 사람은 행동으로써 말을 증명하는 반면, 어리석은 사람은 말로써 행동을 변명한다."

5장

당신이
그토록
원하는
모습으로
살아라

그대,
꿈이
있는가!

꿈이 무엇일까? 꿈이 삶에 어떤 영향을 미칠까? 꿈이 꼭 있어야만 하는 것
인가?

꿈이 없다고 말하는 사람의 삶은 괜찮은 것인가? 내가 대학교에서 강의할
때 꿈이 없다고 말하는 학생들을 보면서 걱정을 많이 했다. 왜 꿈이 없을까?
꿈은 이룰 수 있기도 하고, 못 이룰 수도 있다. 하지만 "꿈 자체가 없다."라
고 말하는 학생들이 많다는 것에 놀라움을 금치 못했다. 처음에는 충격을 받
았고, 이해할 수도 없었다. 꿈이 없는 이유가 무엇일까? 어차피 이룰 수 없기
때문일까? 아니면, 삶의 의욕이 아직 덜한 것인가? 초등학교 때부터 대부분
꿈을 가지고 있는데, 중학생이 되고 고등학생이 되면서 그 꿈이 바뀌기도 한
다. 초등학교와 중학교 때까지는 어쩌면 막연한 꿈일 수도 있다.

고등학교를 거치고 대학생이 되면서 자신의 꿈을 선명하게 그린다. 대학생이 되면서 꿈을 이루기 위해 전공을 선택하고, 전공을 살려서 자기 삶을 계획대로 살아가면서 꿈을 이루어간다. 하지만 자신의 의지와 상관없이 꿈이 멀어질 때도 있다. 이럴 때 새로운 꿈을 만들면 된다. 인생을 마음대로 도화지에 그릴 수 있는 그림은 아니지만, 그림을 새로 그리듯이 꿈도 새로 만들면 된다. 꿈 없이 살아간다면, 인생의 짜릿한 맛은 보기 어려울 것이다.

초등학교 때 나의 꿈은 선생님, 간호사였다. 중학생이 되자 멋있는 여군장교가 되고 싶었다. 하지만 키가 작아 여군장교는 곧 포기해야 했다. 중학교를 마치고 고등학교에 갈 수 있는 형편이 안 되어 나의 꿈은 우선 고등학생이 되는 것이었다. 그리고 이어 나도 멋진 대학생이 되는 것이 꿈이었다. 남들은 당연히 들어가는 고등학교와 대학을, 나에게는 꿈이 되어 버린 것이다. 낮에는 열심히 일하고, 밤에는 야간고등학교에 다녔다. 대학교도 마찬가지로 야간대학에 다녔다. 일하면서 돈도 벌고 공부도 할 수 있어서 나는 다행이라고 생각했다. 운이 좋은 사람이라고 생각했다. 어렵게 대학에 들어가서 공부하고 졸업하자 친구가 독일로 유학을 가버렸다. 나도 친구처럼 가고 싶은 마음에 유학 가는 것을 꿈꾸었다. 시간을 가지고 유학 계획을 세워 가보려고 했지만, 이룰 수 없었다. 나는 지금 선생님도 아니고 간호사도 아니다. 하지만 잠시 대학에서 강의할 수 있는 시간을 가졌기에 선생님이라는 꿈을 이루어 만족한다. 그리고 나는 새로운 꿈을 또 만들었다. 유학 대신 석사 공부를 하기로 한 것이다. 나의 생활 환경으로는 어려운 현실이었다. 결혼 후 아이를 키우면서 일도 하고 공부하는 것이 쉬운 일이 아니었다. 그러나 마음 단단히 먹고 시도해보았다. 원서를 접수한 며칠 후 합격 통지서를 받은 날, 나는 새로운 인생의 짜릿한 맛을 보았다. 어떤 일도 시도하지 않으면 아무것도 이룰 수 없다는 것이다. 나는 날아갈 듯한 기분으로 입학식에 참여했고, 새로운 세계로 들어갔다. 이 도전은 내 인생에 새로운 활력소가 되었고, 이보다 더 큰 기쁨은 없을 것 같았다.

하루를 시작하는 기분이 다르고, 마음은 열정으로 가득했다. 매일 아침을 힘차고 신나게 시작할 수 있었다. 온 세상이 나를 위해 축복해 주고, 응원해 주고 있는 듯했다. 새롭게 도전하는 나의 꿈이 있어서 나의 하루가 이렇게 달라지고 있었다. "꿈은 없는 것보다 있는 것이 백번 낫다."라고 나는 감히 말할 수 있다. 지금도 늦지 않았다. 내가 하고 싶은 것이 있다면 그 꿈을 만들어 보고 시도해보라. 반드시 이루어질 것이다. 석사과정을 마치고 박사과정을 또 해보고 싶은 꿈을 꾸었다. 늦은 나이이지만 내 인생의 가장 젊은 날이 오늘이기에 시도해보기로 했다. 원서를 접수하고 면접을 보았다. 떨어뜨리기 위해 면접을 보는 듯했다. 나는 마음을 비우고 기다렸다. 합격이라는 문자가 왔고 등록금 납부 고지서가 집에 도착했다. 나는 모아 둔 돈으로 등록금을 즉시 내었다. 새로운 꿈에 도전하고 있었다. 마치 매 순간 인생을 도전하는 것 같았다. 나에게는 공부하는 시간이 가장 아름다운 시간처럼 느껴졌다. 이렇게 노력하면 다 이룰 수 있다는 것을 확실하게 체험했다. 세상이 다 나의 편이 이미 되어 있었다. 그렇게 바쁘게 살아가다 보니 인생 반이 지나가고 있었다. 힘들고 지칠 때는 '너는 스스로 인생을 멋지게 잘살고 있다.'라고 위로하면서 견뎠다. '인생은 이론이 아니라 경험이다.'라고 말하고 싶다.

이젠 어느덧 인생 육십 대로의 길을 걸어가고 있다. 나는 지금도 새로운 꿈이 있다. 누군가에게 힘을 줄 수 있는 책을 쓰고, 멋진 강의를 하는 꿈을 꾸어 본다. 바람이 하나 더 있다면 이 책이 혹, 영화로 제작된다면, 나는 이 영화에 출연하고 싶다. 나의 이야기이기에 잘 소화해 낼 수 있을 것 같다. 이렇게 꿈이라도 꾸어보고 그것만으로도 행복하다. 여행은 출발하기 전이 더 행복하다고 한다. 여행을 상상하면서 준비를 할 수 있기 때문이다. 인생은 어차피 내일은 모른다. 즐거운 상상을 하면 그대로 이루어질 수도 있다. 그래서 나는 즐거운 상상을 하면서 살아간다. 《시크릿》 책의 '끌어당김의 법칙'처럼 나는 지금 좋은 기운을 끌어당기고 있다.

이제 내 인생 남은 시간이 얼마나 될지 아무도 모른다. 환절기 때문인지 가을의 문턱에서 부고장이 연이어 문자로 온다. 그것은 인생의 허무함을 알려주고 더 아름답게 오늘을 살아가라고 가르쳐준다. 가을 햇살이 눈이 부시게 화창한 날에 누구는 이승을 떠나고, 누구는 세상에 태어난다. 삶의 모든 것을 이해할 수는 없지만, 세상은 오고 가는 것임이 확실하다.

젊은 날에는 모르고 지나쳤던 것이 이제는 하나씩 보이고, 들리고, 느껴진다. 이것이 인생의 '때'인가 보다. 시간이 흘러가야 보이고, 들리고, 느껴지는 것이다. 얼마나 멋진 인생인가.

젊어서 이런 것을 다 알아버리면 무슨 재미가 있을까. 참 다행이기도 하다. 10~20대에 알아야 할 것, 30대~40대에 알아야 할 것, 중년에 알아야 할 것, 60~70대에 알아야 할 것들이 다 다르다. 겹겹이 쌓아 온 세월의 흔적이 대나무처럼 마디가 되어 있다. 속은 텅 비어 있지만 강인한 힘으로 버티고 있다. 인생도 언젠가는 텅 빈 대나무 속 같은 것이 될 것이다. 다 비워내고 갈 때는 무엇이 남아 있을까! 우리는 오늘을 최선을 다해서 가을 햇살처럼 눈부시게 살아가야 하고, 환한 해바라기처럼 웃으며 살아가야 한다. 오늘, 나만의 특권이기도 하다.

어제 눈을 감은 자는 오늘, 이 햇살이 그대의 것이 아니다. 이 햇살을 볼 수 있는 날까지 나는 아름다운 꿈을 꾸며 살아가려 한다.

그대는 지금, 무슨 꿈을 꾸고 있는가?

나는 날마다 꿈을 꾸는 사람이 되고 싶다. 그 꿈이 무엇이라도 소중하게 여기며 작은 행복을 만들어 가고 싶다. 예쁜 말과 행동이 내 삶을 아름답게 그려줄 것이다. 먼 훗날 내가 바람처럼 사라진다 해도 고운 향기를 기억할 수 있게 말이다.

한 사람을 기억하는 건 얼마큼 성공을 했느냐가 아니라, 얼마나 나눔의 삶을 살았는가이다. 물질적인 나눔도 있겠지만, 마음과 행동으로 나누는 선한 영향력도 중요한 나눔이라고 생각한다. 모든 사람이 아닐지라도 누군가에게 삶을 살아갈 용기를 주었다면 성공한 사람이다.

나는 작지만 옳고 진실한 그런 사람이 되고 싶다. 화려하지 않지만 수수한 들꽃처럼 살고 싶다.

꿈은 언제나 아름답다. 그대가 아름답게 살고 싶다면 소소할지라도 꿈을 꾸었으면 한다. 이 세상이 아름다운 그림으로 완성되고, 그대도 위대하고 아름다운 사람으로 기억되길 바라니까.

"내가 소중하다면 당신도 소중한 사람입니다. 당신의 꿈을 열렬히 응원합니다."

02

진 꽃은 다시 피지만,
꺾인 꽃은
다시 피지 않는다

가을에 코스모스가 흐드러지게 피어 있는 길을 걷다 보면, 나는 꿈 많던 소녀가 된다. 아마도, 내가 중학교 다닐 때 코스모스 십리 길을 걸으면서 몸에 배었던 그 시절의 감성이 일어나기 때문일 것이다. 지금은 그 꽃길이 없어졌지만, 가을이 되면 코스모스는 어김없이 어디에선가 다시 피고, 나는 그때 기억이 보름달처럼 환하게 떠오른다.

2022년 가을의 문턱 9월 10일, 빠른 추석이었다. 추석 차례를 지낸 후 친정으로 내려갔다. 중학교 다닐 때 걸었던 그 코스모스 길을 지나갔다. 한천마을에서 벌교까지 십리 길, 모든 것이 그대로 있었지만, 그 코스모스 길만은 볼 수가 없었다. 3년 동안 그 길을 오가며 나의 학창 시절을 보냈다. 대구로 가서 일하며 결혼하고, 친정이 멀다는 이유로 명절 때는 부모님을 늘 찾아뵙지 못했다. 내가 맏며느리이기 때문이다. 이제는 시어머님도 시아버님도 모두 세상을 떠나셨다. 그리하여 이번 명절에는 친정으로 곧장 달려간 것이다.

친정아버지의 건강도 좋지 않으셨다. 2주 전에 미리 다녀왔지만, 추석 때 또 내려갔다. 쇠약해진 아버지는 여전히 거실에 있는 소파에서 주무셨다. 방에 침대도 있건만 답답해서 거실에 있는 소파가 편하다고 하셨다. 가족은 아버지가 원하시는 일이니까 아버지의 의견을 존중했다. 거의 2년을 그렇게 지내셨다. 기력이 쇠약해지니 걷는 것도 힘에 부치시는지 이젠 소파와 한 몸이 되어갔다. 일어났다 앉았다 하기만 하신다. 근육은 다 없어지고 뼈만 앙상하시다. 화장실은 부축해드리면 간신히 걸어서 가신다. 자식들 앞에서 화장실에 가시는 것도 체면을 차리시는 분이다. 아버지의 무너진 모습을 자식들에게 보이고 싶지 않은 것이다.

어느 날 갑자기 찾아온 아버지의 푸석한 삶은 갈대처럼 툭 꺾일 것만 같았다. 불안하고 위태로운 하루하루를 아버지는 버티고 계셨다. 가을이 되면 코스모스꽃이 만발하는데 꺾인 아버지의 꽃은 시들어가고 있었다. 그토록 병원 가는 것을 싫어하셨는데, 9월 13일 새벽 2시에 위급한 상황으로 아버지는 응급실로 가셨다. 수액을 맞고 식사 대용 주사를 맞으니 괜찮아지셨다. 9월 16일 금요일, 나는 출근한 후 다시 병원으로 달려갔다. 살아계실 때 자주 뵈려고 가볍게 출발했다.

병원에 도착해서 코로나 검사 후 하얀 방호벽 옷을 입고 아버지를 찾아뵈었다. 힘들어하시는 모습을 보니 인생의 허무함만 밀려왔다. 아버지 귓전에 대고 이렇게 말씀드렸다.

"아버지, 저희 육 남매 잘 키워주셔서 고맙습니다. 고생 많이 하셨습니다. 고맙습니다. 감사합니다. 마음 편하게 내려놓으시고 아무 걱정하지 마세요. 아버지, 고맙습니다."

들고 계신 것 같기도 하고, 못 들으시는 것 같기도 했지만 나는 듣고 있다고 믿고 주절주절 말씀드렸다. 그리고 나는 면회 시간이 끝나 친정집으로 갔다. 엄마와 점심을 같이 하고 쉬었다가 집 안을 청소했다. 엄마 연세가 82세, 청소하시는 것도 힘들어 보였다. 게다가 86세의 아버지를 간호하는 일도 쉬운 것이 아니었다.

다음 날, 나는 아침을 먹고 대구로 가려고 계획하고 있는데, 아침 식전에 동생에게서 전화가 왔다. 병원에서 아버지를 볼 사람은 보러 오라고 했다는 것이다. 아버지의 임종을 보러 오라는 것이었다. 나는 급하게 병원으로 달려갔다. 아버지는 타오르던 촛불이 꺼져가는 것처럼 천천히 사그라지고 있었다. 건강이 안 좋아지시고 있는 것은 알았지만, 너무 갑작스럽게 일어난 상황에 자식들은 어찌할 바를 몰랐다. 아버지는 병원에 입원한 지 5일 만에, 9월 17일 오전 10시 20분에 그렇게 먼 길을 떠나셨다. 언젠가는 떠나야 하는 길이지만, 이렇게 너무 빨리 이별을 하게 될 줄은 몰랐다.

코스모스가 예쁘게 피어나는 가을, 하늘에는 하얀 뭉게구름이 하늘을 도화지 삼아 그림을 그리고 있었다. 이렇게 우리 가족은 아버지를 평안하게 하늘나라로 보내드렸다. 햇살이 쨍쨍하게 빛나고 들판에는 황금빛 물결이 출렁이는 때, 멀리 저수지가 보이는 곳에서 아버지는 영원히 잠드셨다.

나는 가을이 오면 늘 코스모스를 기다려 왔다. 찬 바람이 불면 흔적도 없이 사라지지만 내년 가을에도 어김없이 코스모스는 돌아오리라. 하지만 꺾인 꽃은 다시 피지 못한다. 우리 아버지도 다시 오시지 않는다. 함부로 꽃을 대하지도 말아야 하며 꺾지 말아야 한다. 꽃도 인생도 저마다 사명이 있다. 그 사명을 다하고 바람결에 흩어지는 민들레 홀씨처럼 어느 순간에 훌훌 떠나 사라진다.

꽃은 모든 사람의 사랑과 축복을 받는다. 누구라도 꽃을 좋아하기 때문이다. 예쁘다고 말해주고 쓰다듬어 주고 사진도 찍어준다. 봄이면 봄꽃놀이 가고, 가을이면 꽃 축제가 열려 인산인해를 이룬다. 이렇게 사람들은 꽃을 좋아한다. 사람도 그랬으면 좋겠다. 나이가 들어 노인 냄새가 나고, 치매에 걸려 사람도 알아보지 못하더라도 당신의 삶은 훌륭했다고 이야기해 주었으면 한다. 당신도 한때는 아름다운 꽃이었다고. 지금은 얼굴에 주름이 가득하지만 젊은 시절에는 멋지고 잘생긴 사람이었다고. 나를 낳아 키워주신 이 세상의

가장 소중한 부모님이니까. '당신은 우리 가슴에 영원히 남아, 지지 않는 꽃'
이라고.

한 송이의 국화꽃을 피우기 위해
봄부터 소쩍새는 그렇게 울었나 보다.
한 송이의 국화꽃을 피우기 위해
천둥은 먹구름 속에서 또 그렇게 울었나 보다.

중략

노오란 네 꽃잎이 피려고
간밤엔 무서리가 저리 내리고
내게는 잠도 오지 않았나 보다.

나는 중학교 때부터 서정주 시인의 '국화 옆에서'라는 이 시를 좋아하여 암
송하곤 했다. 어쩌면 우리 부모님의 이야기인지도 모른다. 한 송이의 국화꽃
을 피우려고 애쓰시던 어머니, 아버지이다. 오직 자식들을 위해 모든 것을 다
내어주시고 빈 껍데기만 남아있던 부모님이시다.

꽃은 시들어가도 꽃이듯 부모님도 늙고 병들어도 우리 부모님이다. 더 자
주 보살펴드리고 사랑을 드려야 했다. 자녀에게 주셨던 하늘 같은 사랑을 부
모님께 드려야 한다. 부모는 자식을 위해 다 주셨건만, 자녀들은 부모에게 무

엇을, 얼마나 드리고 있는가!

　무엇이든 드릴 수 있을 때 드려야 한다. 기회가 늘 있는 것이 아니기 때문이다. 부모님이 늘 우리 곁에 계실 것으로 생각한다면, 그것은 착각이다. 어제 보았던 그 꽃이 내일의 그 꽃이 될 수 없다. 연세가 많으신 노인들은 더 그렇다. 핵가족으로 살아가니 부모님의 건강이 어떤지 모르고 살아왔다.

　부모님께 건강 어떠시냐고 여쭈어보면 다 괜찮다고 하신다. 자식들이 걱정할까 봐 아파도 괜찮다고 하신다.

　자식들은 또 그렇게 믿어버린다. 병원에 가면 병원비가 많이 나올까 걱정되어 괜찮다고 하신 말씀을 모르는 것이다. 얼마나 어리석은 자식들인가!

　이제 홀로 계신 어머니를 꽃처럼 보살펴드려야 한다. 따뜻한 사랑과 달콤한 꿀만 골라 드려야 한다. 평생 자식과 손자, 손녀들을 위해 고생하신 당신도, 이제는 자유로운 한 사람으로 남은 생을 행복하게 사셔야 한다. 당신은 아직도 고운 꽃이니까!

　"너희 자식들이 해주기를 바라는 것과 똑같이 네 부모에게 행동하라."

　고대 그리스의 철학자 소크라테스(Socrates)는 이렇게 말했다. 나의 가슴에도 이 말을 새겨두어야 한다.

03

어느
노신사의
강의

내가 일한 지 20년 정도 될 때이다. 세상에서 가장 좋은 직업을 선택했고, 시간과 머니(Money)의 구속에서 벗어나 나름대로 자부심을 느끼며 일하고 있었다. 보험영업의 일은 끝이 없고 왕도가 없다. 열심히 노력하면 노력한 만큼 대가가 있어 좋은 직업이라는 것은 틀림없다. 그렇게 신나게 그리고 열심히 일하다가 매너리즘에 빠져 힘들어하고 있을 때, 회사에서 천안으로 부지점장 교육을 보내주었다. 교육의 효율성보다 잠시 쉬고 싶어서 2박 3일 교육에 참여했다.

전국에서 온 교육생이 50여 명 정도 되었다. 교육생들은 앞뒤로 서로 인사를 나누며 다른 지방에서 온 사람들과 명함을 나누며 정보도 교환했다. 교육의 장점이 바로 이런 것이다. 자신의 일하는 방식과 다른 사람의 일하는 방식에 관해 서로 이야기하면, 상대방의 장점을 얻어 갈 수 있다. 영업은 정답이 없기 때문이다.

첫 시간은 본사 교육 담당이 교육 일정을 안내해주었다. 집안일에서 벗어나 교육을 받으며 종일 해주는 밥을 먹으니 매우 행복했다. 집에서 매일 밥 하느라고 힘들었는데 교육을 받으러 오니 숨통이 트이는 것 같았다. 엄마이면서 직장 일을 하는 교육생들 대부분은 모두 여유롭고 행복해 보였다. 그런데 쉬는 시간만 되면 전화를 어디에 그렇게 하는지 시간이 모자란다. 자녀에게 하는 전화로, 냉장고에 미리 준비해두고 왔으니 잘 챙겨 먹으라는 내용이다.

엄마가 없으면 아이들은 다 굶어 죽을 판이다. 엄마들의 요란한 걱정거리가 다 들려온다. 엄마가 없을 때 엄마의 필요성과 소중함을 아이들에게 알게 해주어야 한다. 엄마가 얼마나 일하고 집안일이 많아 힘이 드는지 아이들도 느껴봐야 한다. 엄마는 늘 모든 일을 하는 사람이라고 아이들은 당연하게 생각한다. 나도 어릴 때는 엄마가 다 해야 하는 줄로 당연하게 알았다. 오기 전에 나는 아이들에게 미리 일러두고 왔으니 알아서 잘 챙겨 먹으리라고 믿고 전화하지 않았다. 나만의 시간이 필요했고, 나를 위해 교육에 참여한 만큼 나에게 시간을 사용하였다.

이튿날, 첫 수업이 시작되었다. 백발인 분이 교육장에 들어오더니 강단에 올라가셨다. 나이 드신 분이 강사로 오시니 나는 몹시 궁금했다. 귀를 쫑긋 세워 강의를 열심히 들을 자세로 임했다. 그분은 자기소개를 천천히 하시더니 파워포인트 없이 강의하기 시작했다. 보통 강사라면 파워포인트부터 켜두고 시작한다. 나는 궁금증이 더해갔고, 그분은 파워포인트 없이도 자신감이 있다는 말이다. 어떤 이야기가 나올까 궁금했다.

그 노신사는 인생에 대해 진솔하고 담백하게 강의를 풀어나갔다. 테이블 앞에서 차 한잔 나누면서 마주 보고 이야기하듯이 인생의 선배로서 많은 경험을 실타래 풀 듯 푸셨다. 그분의 이야기가 감동적이어서 '나도 그분처럼 나이가 들면 인생 후배에게 저렇게 삶의 진리 같은 이야기를 해줄 수 있을까?'에 대해 생각해보았다. 그렇게 하기 위해서는 실력을 키워야 하고 많은 책을 읽으며, 또 다양한 경험을 해보아야겠다고 생각했다. 인생 후배에게 무엇을 이야기해 줄 것인가도 고민해야 한다. 나는 그날 내 마음에 작은 씨앗을 하나 심었다. '언젠가 기회가 된다면 청춘들에게 나의 경험이 조금이라도 힘이 될 수 있는 이야기를 해주자.'라고.

그렇게 하기 위해서는 공부를 더 해야겠다고 생각했다. 그때 석사과정을 하고 있었는데, 늦게나마 박사과정을 해야겠다고 내가 결심하게 된 동기가 되었다. 이렇게 어려운 박사과정을 시작했고, 우여곡절 끝에 수료하게 되었다. 박사학위도 준비해서 예비 발표까지 하였으나, 나는 학위는 포기했다. 나는 박사학위보다 더 중요하게 생각하는 것들이 있었다.

박사학위 포기에 대해서는 후회한 적이 없다. 여기까지 왔는데 왜 학위를 포기하냐고 주변 사람들이 이야기했지만, 나는 학위보다 더 중요한 것을 많이 얻었다. 공부는 내가 하고 싶어서 했고, 박사학위는 없어도 사는 데 문제 될 것은 없었다. 오히려 박사학위 있는 것이 더 문제가 되는 것을 뉴스를 통해 종종 들을 수 있었다. 후배에게 인생의 진실을 이야기하려면 나 자신부터 진실해야 한다. 누구나 한 번 정도는 실수할 수도 있다. 실수가 부끄러운 것은 아니지만, 똑같은 실수를 반복하면 안 된다. 그러나 어딘가에는 늘 기대에 어긋나는 일들이 일어나고 있다는 것에 놀라게 된다.

그 노신사가 차분하게 이야기하듯 강의를 해주었던 기억이 아직도 나를 다시 일으켜 세워준다. 강의 내용 핵심은 나이가 들어도 실력을 키워 인생을 멋지게 살아가라는 것이었다. 그 당시에 내가 처음으로 듣는 신선한 주제였다. 모든 것을 시어른 중심, 아이 중심이었던 나에게 신선한 스파크였다. 이 강의를 들으면서 나를 잊어버리지 말아야겠다는 생각이 들었다. 나는 그동안 나를 잊고 살았다. 그런데 이 시간에는 당장 하루하루 살아가기 바쁜 세상에서 벗어나 훗날 나의 성공 이미지를 그리며 열심히 살아야 하는 나의 모습을 그려보게 되었다. 참 고마운 강의로, 나에게는 큰 울림의 시간이었다. 멋지고 아름다운 강사님께 지금이라도 감사의 말씀을 전하고 싶다. 나도 언젠가 그 노신사처럼 멋진 강의를 하길 바라면서.

세상에 공짜는 없다고 했다. 그 시간이 나에게 큰 에너지가 되었다. 그분은 그날 큰 역할을 다하신 것이다. 똑같은 강의를 듣고도 그날 50여 명의 생각은 다 다를 수 있다. 하지만 어느 한 사람이라도 그의 영향력이 미친다면 그 강의는 성공한 강의이다. 그날 멋진 노신사의 강의는 나에게 잊을 수 없는 소중한 시간이었다. 명함이라도 받아두었더라면 하는 아쉬움이 뒤늦게 밀려온다. 길거리를 지날 때 백발의 노인을 발견하면, 나도 모르게 뒤를 돌아보게 된다. 아직도 여운이 많이 남아 있나 보다. 인생의 멋을 아는 중년의 노신사도 많은 고생을 했을 것이다. 멋진 강의를 하기까지 인생 굴곡이 많았으리라.

나이가 지긋한 어른을 보면 이제 마음이 안쓰럽다. 젊음을 다 바쳐 가족을 위해 일하고, 이젠 점점 가족들에게 불편한 사람이 되어간다. 괜히 가족의 눈치를 보며 이리 갔다 저리 갔다 한다. 지금까지 평생을 함께 한 사람인데 왜 이렇게 되어가는지 안타깝다.

부부라면 눈빛만 보고도 알아서 부족한 부분을 채워줘야 하는데, 부족한 부분을 채워주기는커녕 점점 눈빛도 피하려고 한다. 어느 정도 나이가 들면 서로 각자의 자유로운 삶을 원한다. 아이들 키울 때는 부부가 해야 할 일이 오직 아이들에게 집중되어 있다. 그래서 각자의 삶이 없었다. 그런데 아이들을 키우고 나니 서로 무엇을 해주어야 할지 잘 모른다. 상대에게 무엇을 해주어야 하는지도 잘 모르고 그저 살아온 것이다. 시간이 갈수록 더 사랑이 깊어져야 하거늘 냉랭한 겨울 같다. 한집에 있어도 각자 자신이 원하는 것을 하며 살아간다. 가족이 아니라 동거인이 되어간다. 퇴직하고 집에만 있으면 빈둥거리는 남편의 모습이 보기 싫다고 나가라고 한단다.

누구든 할 줄 몰라서 안 하는 것이 아니다. 살아가기 바빠서 해본 적이 없을 것이다. 갑자기 무엇을 하려니 엄두가 나지 않을 것이다. 그러니 젊어서부터 취미생활도 하고 좋은 친구도 사귀면서 여행도 해보아야 한다. 그렇다고 옆에 꼭 누가 있어야 할 필요는 없다. 가끔은 나 혼자 다녀도 된다. 중년이 되어 시간이 여유로우니 마음도 부유해지면서 멋진 인생의 향기를 느껴보길 바란다. 하늘도 올려다보고, 산책길에 벤치에 앉아서 커피도 마시면서 삶을 음미해보길 바란다. 이렇게 즐겁게 하루하루를 살다 보면 행복하지 않겠는가.

자식이 많아도 자식과 늘 함께할 수는 없다. 나만의 인생을 오롯이 살아가면서 내가 느끼고 깨달으며 인생을 만끽하였으면 한다. 자식은 자식일 뿐이다. 기대가 크면 실망도 크다. 기대하지 말고, '오면 고맙고 안 오면 바쁜가 보다.'라고 생각하면 될 것이다. 중년의 인생은 자신이 가고자 하는 길을 걸어가야 한다.

세상은 얼마나 아름다운가! 자연을 친구 삼아 여행을 다녀도 다 못 볼 것이다. 우리나라도 갈 곳이 얼마나 많은지 모른다. 작은 나라가 절대 아님을 다녀보면 알게 된다. 코로나로 인해 해외까지 가지 않더라도 아름다운 금수강산을 다 보고 가야 하지 않겠는가!

하얀 백발의 멋진 당신을 진심으로 존경합니다. 당신은 바다처럼 넓은 사랑입니다.

04

책 속에서
또 다른 세상을
보았는가?

　내가 좋아하는 것 중의 하나는 책 읽는 것이다. 스마트 시대가 열리면서 도서관에서 책을 대여하지 않고, 스마트 패드에서 어떤 책이든 볼 수 있다는 점이다. 월정액도 책 한 권 값도 안 된다. 얼마나 감사하고 좋은 세상인가. 젊은 시절에는 매월 급여 날이면 아이들을 데리고 교보문고에 갔다. 책도 구경하고 실컷 보라고 풀어놓았다. 시간이 되면 책 몇 권을 사서 나온다. 이젠 서점도 많이 사라지는 추세이다. 책을 사보는 것은 인터넷으로 사야 한다. 세상은 참 빠르게 바뀌어 간다. 이렇게 긴박하게 세상이 변할 줄 아무도 몰랐다. 변화되어가는 세상에 따라가기가 바쁘다.

　책을 읽다 보면 좋은 점이 많다. 그곳에 직접 가지 않더라도 그곳을 상상할 수 있다는 것이다. 요즘은 사진도 첨부되어 있어 볼거리도 책 속에 실려 있어서 좋다. 그리고 좋은 점은 책에 집중해서 다른 생각을 안 한다는 것이다. 특히 소설책은 그다음 내용이 궁금해서 밤을 새울 때도 많았다. 책 속에 빠져 있다가 책을 다 읽고 덮는 순간, 그 쾌감은 이루 말할 수 없다.

그렇게 책을 사모아 책장에 책이 가득해지면 행복해지고 세상 부러울 게 없었다. 이것은 마음이 부자가 되었기 때문이리라. 지금은 마음의 부자를 무엇으로 측정할까? 궁금해진다.

《간디》의 일기를 읽을 때 나는 인도에 가 있다. 기차를 타고 가던 간디를 상상하면서 나도 열차에 타고 있는 상상을 한다. 책 속에는 나만의 그릴 수 있는 그림이 있어 좋다. 누구라도 그러겠지만 미지의 세계를 나 혼자 그리고 지우곤 한다. 책을 읽으면서 할 수 있는 멋진 일이다.

어떤 책을 읽어도 그 책 속의 장면을 생각하여 나만의 상상의 나래를 펴 간다.

책을 읽고 있지만, 나의 머릿속에는 이미 그 책 속의 나라에 가 있다. 재미있는 일이 벌어지고 있다. 눈으로 보이는 것이 전부가 아니다. 눈으로 볼 수 없지만, 마음으로 느끼고 머릿속에서는 또 다른 세계를 구경하고 있다는 것은 신나는 일이다.

《나의 문화유산 답사기》는 정말 재미있게 읽었다. 전국 구석구석을 다니면서 쓴 책이고 내용도 잘 설명되어 있어서 작가님이 존경스러웠다. 우리나라의 문화재 소개에 있어 최고의 책이라고 생각한다. 누구라도 읽어야 할 책이다. 학교 다닐 때 수학여행으로 가서 본 곳, 그때도 설명이나 제대로 들었겠는가. 앞에서 문화해설가가 열심히 설명하지만, 학생들은 대충 듣고 보았으니 다 본 것처럼 생각한다. 이제 다시 나의 문화유산 답사 책을 보니 너무 재미있고 이해하기 쉽게끔 쓰여있다. 이 책이 있다는 것만으로 감사하다. 우리 후손들에게 가치 있고 소중한 선물을 하신 것이다. 훌륭하신 작가님이 계셔서 우리는 편하게 읽기만 하면 된다. 자녀들에게 적극적으로 추천해주면 좋은 선물이 될 수 있을 거라고 믿어 의심치 않는다. 지금은 국내뿐 아니라 중국 편도 있고 일본 편도 있다. 여행하기 전에 미리 읽어보면 도움이 많이 될 것이다.

'앉아서 하는 여행은 독서이고, 걸어서 하는 독서는 여행'이라고 했다. 둘 다 많이 할수록 좋겠지만 바쁜 현실은 늘 만만치 않다. 책은 그냥 책이 아니다. 그 안에 얼마나 많은 또 다른 세상이 있다는 것도 알았으면 한다. 젊은 사람들은 영화 보는 것을 좋아한다. 나는 영화도 좋지만, 책도 자주 읽었으면 하는 마음이 앞선다. 누구라도 책 속의 수많은 소중한 가치들을 꺼내길 바란다. 책은 스스로 읽어야 한다. 책을 많이 읽으면, 시간이 지나면 지날수록 내가 성장해져 있다는 것을 알게 된다. 이 얼마나 흐뭇하고 뿌듯한 일인가. 나 자신과의 싸움에서 이기고 성장해가는 나를 볼 때 그 기쁨은 말로 표현할 수 없이 마음이 충만하다. 이런 값진 경험을 안 하면 서운하지 않을까. 내 손에

쥐고 있던 무엇을 빼앗겨 손해 보는 느낌일 것이다.

사람마다 정서가 다르고 책 읽는 취향도 다르다. 인생에 정답이 없듯, 책 읽는 것도 정답은 없다. 자기가 좋아하는 책을 보면 된다. 단지, 책 속에 숨어 있는 진주를 발견한다면 인생이 더 풍요로워질 것이다. 아는 만큼 보이고, 보이는 만큼 기쁨으로 채워질 것이다. 인생이 늘 기쁨으로 채워진다면 얼마나 행복한 삶이 될 것인가. 행복한 삶을 원하면서 노력은 얼마나 하는가. 작은 실천으로도 우리는 기쁘고 행복하게 살 수 있다. 행복은 결코 멀리 있는 것이 아니다. 소소한 기쁨이 모이고 모여 큰 행복으로 이어진다. 오늘부터 시도해 보면 어떨까?

어릴 적 학교에 가면 '책 속에 길이 있다.'라는 문구를 흔하게 볼 수 있다. 책을 많이 읽으라는 것으로 이해는 했지만, 더 이상의 것은 생각하지 않았다. 이제는 알 것 같다. 이 말이 왜 당당하게 학교마다 버티고 있는지를. 한 분야에 공부하고 싶다면, 그 분야에 관한 책만 읽어도 반은 앉아서 얻을 수 있다. 예전에는 발로 뛰어야 하고 많은 시간을 투자해야 했지만, 지금은 책 속에 모든 것이 다 있다. 물론 검색의 창 네이버도 있고 요즘에는 유튜브도 있지만 제대로 기초부터 배우려면 책이 최고다. 나는 책을 좋아하고 '책 속에 길이 있다.'라는 말에 매우 높은 공감대를 가지고 있다.

책은 내 인생의 동반자이다. 외로울 때 친구가 되어주고, 힘들 때는 마음을 채워준다. 방향을 잃고 헤맬 때는 방향을 일러준다. 사람과 대화할 때는 말하고 후회한 적이 있다. 책은 그럴 일도 없다. 묵묵히 나를 바라보고 나의 어깨를 토닥토닥해주며 힘내라고 이야기한다.

누구한테도 이야기하기 싫은 일이 있을 때, 자존심 상한 일이 있어도 사람한테 이야기하는 것보다 책을 읽으면 다 잊어버린다. 그리고 어느 순간 정답을 찾아 나온다.

책은 늘 이렇게 내 곁에서 친구가 되어주고 있다. 책을 많이 읽는 사람은 책이 참 좋은 친구가 된다는 것을 느낄 수 있다.

나는 어려울 때 책을 보며 마음을 다졌다. 나에게 많은 영향을 주었던 책은 며칠 전에 이승을 떠나신 김동길 박사의 《젊은 청년들에게 고함》, 100세 연세에도 활발한 활동을 하고 계신 김형석 교수님 에세이, 안병욱 교수님의 수필이 있다. 가난한 젊은이에게 많은 꿈을 가지게 했던 책들이었다. 책 살 돈이 없어서 있는 책이라도 더 읽자며 읽고 또 읽었다. 신기하게도 시간이 지나서 읽어도 신선하고 내용의 깊이가 다 다르게 느껴졌다. 그만큼 내용의 깊이가 있다는 뜻이다. 읽을수록 새롭게 와 닿았고 생각의 깊이와 넓이가 커지고 있었다.

작가인 교수님이 책을 써 내려갈 때 얼마나 심혈을 기울이고 정성과 진심을 담았을까? 책은 읽어보면 그 사람의 진심이 느껴진다. 투명한 유리처럼 나의 진심을 다 내보이고 있기 때문이다. 독자들은 이런 매력에 안 빠질 수 없다. 이 세상에 안 계시지만 좋은 책을 남기고 가신 분은 이름만 들어도 마음이 설렌다. 내가 책을 읽었던 그때가 생각나고, 그때는 대부분 젊은 청춘이었을 때이니까. 어렸을 때 책을 많이 읽으면, 정신적으로 안정이 되어 있어서 좀처럼 흔들리지 않는다. 시간을 기다릴 줄 알게 되고 방법을 찾아 나간다. 방황하지 않고, 서두르지도 않는다. 두려워할 이유가 없기 때문이다. 그리고 또 책 속에서 길을 찾을 것이기 때문이다.

우리는 보이는 세상만 쫓아가고 있다. 보이지 않지만 찾을 수 있는 아름다운 세상이 책 속에 많이 있는데 말이다. 젊은 패기와 용기가 이제는 숨어 있는 책 속에서 더 사용되었으면 한다.

결코 책은 배신하지 않는다. 내가 읽은 만큼 나의 성장이 되고 더 나아가는데 한몫하리라고 본다. 부자들의 책 읽는 습관은 책 읽는 만큼 빠르게 부자가 될 수 있고, 책을 읽지 않는 사람보다 훨씬 부자가 될 가능성이 크다는 것이다. 참으로 지당하신 말씀이다. 전 세계의 부호 워런 버핏(Warren Buffett)도 독서를 강조했다. 독서량도 일반인보다 훨씬 많았다. 책 속에 숨어 있는 보석을 누가 캐느냐가 미래의 주인공이 될 것이다. 당신이 이제 그 주인공이 되길 바라면서.

05

당신 인생도
한 권의
책이다

어머니의 이야기를 듣다 보면 이런 말을 자주 듣게 된다. "내가 책을 썼으면 열 권도 썼겠다."라고. 우리 어머니들의 미소 뒤에는 얼마나 말 못 할 비밀 이야기가 많을까? 가슴에 시리고 아픈 일들이 켜켜이 쌓여 있을까? 그 한을 어디에서 풀어낼까? 누구를 위해서 그렇게 모질게 살아왔을까? 아무리 생각해도 당신을 위해서 그렇게 살지는 않으셨다. 오로지 당신의 핏덩어리를 위해서 이를 악물고 꿋꿋하게 버티어 오신 것이다.

주먹만 하던 어린 핏덩이는 어느새 방실방실 웃고, 뙤약볕에서 일하고 와도 품에 아이를 안으면, 아이는 천국이요, 엄마는 세상을 버틸 힘을 얻는다.

아이의 초롱초롱한 눈빛을 보면서 옹알이하는 아이에게 맞장구쳐준다. "그랬어! 그랬어!" 하면서 아이의 말을 다 알아들은 것처럼, 눈빛으로 대화한다. 내가 보기에는 아이가 웅얼거릴 뿐인데 말이다. 내가 어릴 적, 동생을 업어 키울 때 엄마의 모습이다. 논밭에서 일하고 오셔도 아이 젖부터 먹이신다. 당신도 배고프다고 하시면서 물 한 대접 달라고 하신다. 나는 얼른 물을 갖다 드리면 "아이고 물이 맛있구나!"라고 하신다. 물이 무슨 맛이 있겠는가. 배가 고파 허기를 달래니 한숨 돌린다는 뜻이리라.

아침마다 밥상 앞에 옹기종기 모여 밥을 먹을 때는 서로 더 많이 먹겠다고 남동생은 장난을 친다. 동생은 더 어린 동생들에게 시선을 다른 곳으로 분산시키고 그 틈에 동생들 밥그릇에서 몰래 밥 한 숟가락을 잽싸게 퍼온다. 동생들은 자기 밥그릇에 한 숟가락 없어진 밥을 보고 울고, 엄마에게 이른다. 우리 집은 늘 이렇게 시끌벅적했다. 엄마는 부엌에서 주걱을 들고나와 장난친 동생을 나무란다. 못된 행동을 하지 말라고 타이르기도 하고 고함치기도 한다. 밥이 모자라서 형제의 밥을 더 먹으려고 할 때 엄마의 심정은 어떠하셨을까? 그래서 부엌 가마솥에는 항상 삶은 고구마가 있었다. 배고프면 먹으라고 어머니께서 준비해 주셨다. 아이들 뒷바라지하느라 당신 세월을 이렇게 다 보냈다. 지금 생각해도 어머니는 육 남매를 어떻게 키우셨을지 상상이 된다.

어머니는 가끔 아궁이 앞에서 '불멍'을 하실 때가 있다. 그리고 혼잣말로 이렇게 말씀하신다. "가지 많은 나무 바람 잘 날 없다."라고. 어릴 때 내가 어떻게 그 심오한 뜻을 알았겠는가! 결혼하고 아이를 낳아 키워보니 이제야 조금 알 것 같다. '나는 나뭇가지를 많이 만들지 말자. 하나면 충분하다.'라고 생각했다. 인제 보니 나무도 튼튼해지려면 나뭇가지가 많아야 했다. 바람이 불고 태풍이 오면 부딪혀도 서로 안아주고 버티고 있었다. 가지가 없는 연약한 나무는 힘이 없어 태풍에 넘어지고 자빠지고 만다. 엄마들이 아이를 많이 낳은 이유를 알 것 같다. 자식들이 서로 의지하고 힘이 되라고 그런 것이다.

한 달 전에 아버지께서 돌아가셨다. 큰일을 당하고 보니 육 남매와 벌써 다 큰 손자들이 열심히 일을 분산하여 척척 잘해 나가고 있었다. 이럴 때 동생들이 없었다면 얼마나 힘들었을까! 힘들게 키운 보람이 있었다. 내가 동생들을 업어 키워야 해서 나는 늘 동생을 낳을 때마다 싫어했다. 잊어버리고 있으면 또 동생이 생기고, 이제 제발 그만 낳으라고 엄마에게 부탁도 했다. 지금 생각하면 너무 웃긴 이야기다. 그때는 피임약도 없었고 피임기구는 더더욱 없었을 것이다. 그러니 생긴 대로 낳을 수밖에 없었다. 맏이로 태어난 나만 고생하였다. 동생 많은 것에 이골이 나서 형제 많은 것도 좋아하지 않았다. 지금은 형제가 많은 것에 부모님께 감사한 마음이다.

요즘은 자녀가 하나, 아니면 둘이다. 게다가 유학이라도 가버리면 아무도 없다. 부모가 돌아가셔도 비행기 표를 못 구하거나 오는 시간이 길어서 장례도 못 본다. 주변에 이런 경우를 자주 보게 된다. 이런 일이 이젠 남의 일이 아니다.

요즘은 결혼을 못 해서 난리고, 결혼한다 해도 아이를 안 낳아서 또 탈이다. 우리 부모들은 정말 선견지명이 있으시다. 먹을 것도 없는데 무엇을 믿고, 자녀를 쑥쑥 많이도 낳아 키우셨다. 우리 마을에 내 또래 친구가 열다섯 명이나 된다. 그해에는 집집이 대문에 금줄이 걸려있었을 것이다. 어떤 집에는 해마다 금줄이 걸려있기도 했다.

엄마들은 없는 살림에 아이들 키우랴, 들판에 가서 일도 하랴, 식구들 빨래 한번 해도 한 함지박이다. 우물가에서 빨래하는 엄마들의 이야기를 듣다 보면 늘 걱정이 한 보따리다. 어느 집 할 것 없이 엄마들의 한숨 소리는 그치지 않는다. 고부간의 갈등도 우물가에서는 다 털어놓고 방망이로 빨래를 두들겨 가며 스트레스를 해소한다. 때로는 혼잣말로 남편의 흉을 보면서 방망이질을 더 세게 두드린다. 엄마들이 말하는 톤을 듣고, 방망이 두들기는 강도로 그 엄마의 스트레스를 알 수 있었다.

다른 집은 엄마가 다 빨래하는데, 나는 항상 동생들 빨래를 다 하고 있었다. 어른들은 나를 착한 딸이라고 늘 칭찬해주었다. 그런데 나는 착해서가 아니라 할 사람이 없었다. 내 동생들은 바로 남동생이 줄줄이 세 명이 있고, 여동생은 두 명인데 너무 어렸다. 그래서 빨래 담당은 나의 몫이 되어버렸다. 그래서인지 조금 일찍 어머니들의 애환이 담긴 이야기를 들을 수 있었다. 시골이라서 시부모님 모시고 살면서 농사일도 다 하면서 아이들을 키우느라 당신의 인생은 없이 살아오신 분들이다.

꽃다운 젊은 나이에 시집와서 평생 일만 하다가 늙어간다. 잠시도 엄마의 시간은 없다. 엄마는 한 끼 식사도 제대로 못 하시고 자녀들이 우선이다. 어머니의 위대함에 관해 어려서는 내가 몰랐었다. 어머니이니까 당연히 그런 줄 알았다. 세상의 모든 어머니는 천사들이다. 어머니의 모습으로 이 세상에 천사로 나타난 것이 아닐까!

지금은 시대가 많이 달라졌다. 모든 것이 스마트 시대이지만 아이 키우는 것만큼은 스마트로 해결이 안 된다. 아이가 성장하는 데 가장 필요한 것은 엄마의 지극한 사랑과 헌신이 있어야 한다. 그리고 건강하게 잘 자랄 수 있도록 어머니의 정성이 담긴 음식도 필요하다. 어머니와의 대화의 시간은 정신적인 지주이다. 물론 아버지도 그 역할을 하지만 엄마와 이야기할 수 있는 시간이 더 많다. 안정된 자녀의 마음은 자신을 믿고 세상을 향해 힘차게 나갈 수 있는 에너지를 얻을 수 있다.

어머니의 말과 행동 그리고 관심이 자녀들에게 어떤 영향을 주는지 우리는 잘 알고 있다.

공부도 잘하면 좋겠지만, 공부보다 인성이 우선이다. 인성이 잘 형성된 아이는 제 자리를 탈선하지 않는다. 이 모든 것은 어머니의 역할이 중요하다.

어머니는 어머니의 역할도 있지만, 며느리의 역할도 큰 부분을 차지했다. 어른을 섬기는 일이 그리 쉬운 일이 아니다. 끼니때마다 식사 챙기기도 매우 어려운 일이다. 주부라면 다 공감할 것이다. 어른을 모시려면 마음을 다 내려놓고 살아야 한다. 종갓집이면 집안의 대소사가 얼마나 많은지 그 또한 챙겨야 한다. 몸이 열 개라도 부족하다. 아마 우리 어머니들은 사명감으로 삶을 살아갔을지도 모른다. 이 집안의 모든 것이 며느리 손에 좌우된다는 책임감이다.

어머니의 삶을 들여다보면 누구라도 책을 몇 권 쓰고도 남을 이야기보따리가 있다. 숭고하고 헌신적인 어머니들이 세상에는 많기 때문이다. 세계의 모든 어머니도 훌륭하지만, 대한민국의 어머니는 더 존경스럽다. 60년도의 어려운 상황에서도 훌륭한 어머니들이 있었기에 우리나라는 발전해 올 수 있었다. 이제는 그 시대의 자녀들이 대한민국을 이끌어가고 있다.

어머니, 당신은 정신적인 지주요, 이 세상을 영원히 빛나게 해줄 한 권의 책입니다.
이 세상의 모든 어머니, 소중한 당신을 존경합니다.

06

시도하라,
그러면
이루어진다

    새로운 무언가에 도전한다는 것은 쉬운 일이 아니다. 보험회사에서 일하다 보니 부동산에 대해서는 전혀 관심이 없었다. 내가 사는 집이 나의 유일한 부동산이었다. 그리고 사는 집은 있으니 더 바랄 것이 없었다. 단칸방에 살 때를 생각하면 지금은 얼마나 호사스러운가! 나는 지금처럼 건강하게만 살면 더 이상 부러울 게 없었다.

    2016년 3월 어느 날, 삼성생명에서 지도장으로 일하고 있을 때 한 사원이었던 사람이 차 한잔하자고 했다. 오랜만에 만나서 이런저런 이야기를 나누었다. 나보다 젊었고 늘 성실한 파트너였다. 지금은 보험회사를 그만두고 영어학원을 운영한다고 했다. 즉, 꽤 인지도 있는 영어학원 원장님인 셈이다.

나는 젊은 그 원장이 부러웠다. 원장님이라는 단어에 귀가 솔깃했고 잘한 일이라며 칭찬을 아끼지 않았다. 나는 아직도 보험 일밖에는 몰라 오로지 한 우물만 파고 있는데, 센스있는 그 친구는 원장이 되어 있었다. 다른 부동산으로 빌딩 2층 전체를 소유하고 있다고도 했다.

나는 그 원장과 헤어진 후 한 대 얻어맞은 듯했다. '나는 그동안 뭐 하고 살았지?' 갑자기 맥이 빠져 아무 일도 할 수 없었다. 가만히 생각해보니 일한 지 26년이 되었는데, 나는 빈껍데기인 것 같았다. "난, 참 바보처럼 살았군요."라는 노래가 스쳐 지나갔다. '한 우물만 너무 오래 파고 있었구나!' 뒤통수가 많이 당기고 부끄럽기까지 했다. 난 이제부터라도 다른 분야에도 관심을 가져야겠다고 생각했다.

부동산 공부도 할 겸 시간을 조금씩 내어 부동산 사무실에 자주 방문했다. 나는 늦었지만 작은 건물이라도 갖고 싶었다. 누구라도 한 번쯤은 건물주가 되는 꿈을 꾸지 않겠는가! '나에게도 그런 행운이 올까?' 반신반의하면서 일단 도전을 해보기로 했다. 대구 동구 혁신도시 근처를 시간만 나면 돌아다녔다. 원룸도 무수히 많았고 건물들도 많았다. 이제 보니 온 천지가 건물이고 빌딩이었다. 빌딩의 숲속에서 우리는 살고 있었다.

나는 어이없게도 가진 돈도 없으면서 금액을 알아보고 있었다. 몇 달 발품을 팔아 다녀보니 감이 오기 시작했다. 건물이 잘 지어진 것인지 아닌지도 눈에 띄기 시작했다. 얕은 지식으로 나는 부동산 사장님께 물어가면서 공부해

가고 있었다.

나는 화요일이면 늘 경주에 갔다. 고객 중에 부동산 사무실을 운영하는 사람이 있어서 차 한잔하러 갔다. 경주 원룸 시세가 궁금했다. 부동산에 가서 물어보니 대구보다 금액이 더 낮았고, 마침 한 군데 나와 있다고 하면서 가보자고 했다. 나는 경주까지는 생각도 못 했지만 내친김에 한번 따라갔다. 빈방을 구경했는데 방이 상당히 넓어 내 마음에 쏙 들었다.

그러나 관리가 문제였다. 대구에 살면서 경주까지 관리하기가 만만치 않을 것 같았다. 하지만 내가 경주에 매주 업무상으로 오니 해볼 만할 것 같기도 했다. 나는 고민하다가 이틀 만에 마음의 결정을 내렸다. 그리하여 2016년 10월, 나는 원룸 주인이 되어보기로 했다.

그런데 난관에 부딪혔다. 남편의 반대가 예상한 것보다 강했다. 나는 남편과 같이 집을 보면서 설득하기 시작했다. 남편 정년퇴직 후에 소득 창출에 큰 보탬이 된다고 설득하여 드디어 계약을 결정하게 되었다. 그런데 돈이 문제였다. 사는 아파트를 담보로 해서 대출하기로 했다. 그리고 나머지 금액은 여기저기에서 모아 꿈에 그리던 부동산을 취득했다. 처음에는 매입할 수 없을 것 같았는데 시도해보니 우여곡절 끝에 해냈다. 대출을 받아 거금을 투자한다는 것이 두렵기도 했지만, 시작해보니 앞으로 다른 일도 해낼 수 있을 것 같았다.

시작을 안 했으면 나는 아무것도 이루지 못했을 것이다. 물론 거의 대출로 이루어지기는 했지만, 금리가 낮으니 해볼 만했다. 그리고 열심히 일해서 갚아나가면 그것이 남는 것이다. 나에게 부동산의 세상을 알게 해준 후배가 고맙다.

2019년 2월, 코로나가 터지면서 경기가 나빠지고 있었다. 나는 수입이 반으로 줄더니 급기야 삼 분의 일로 줄어들고 있었다. 온 세상이 코로나로 인해 경기가 마비될 정도가 되었다. 그나마 다행스러운 것은 원룸에서 나오는 수입으로 나는 버틸 수 있었다. 대출을 많이 받았기 때문에 갚아나가는 것이 힘들었지만, 다 갚으면 온전히 내 것이 되지 않는가! 대부분 내 집을 마련할 때 대출을 끼고 사게 된다. 살면서 갚아나가면 내 집이 완전히 되는 것이다. 돈을 모아서 집을 사려면 집값이 더 많이 올라가 있다. 그러니 대부분 대출을 받아 집을 마련하고, 갚아나가면서 내 집이 된다는 꿈을 안고 살아간다.

큰 것은 아니지만 다른 부동산이 있다는 것에 마음이 뿌듯했다. 원룸을 운영하면서 좋은 경험을 많이 했다. 우리 집에 들어오는 사람은 행복해지고, 모두 잘 되어서 나가길 바랐다. 실제로 결혼하게 되어 나가는 사람이 많았다. 우리 집에 들어오는 사람은 대부분 착하고 좋은 사람들이어서 이 또한 고마운 일이었다. 가끔은 대학생이 들어오는데, 타지에서 오는 남학생이 있으면 김치도 주고, 밥은 먹고 다니는지 걱정되어 챙겨주기도 했다. 우리 아이들도 서울에서 원룸 생활을 하고 있어서 남의 일 같지 않았다.

우리 집에 들어와 살다가 다른 지방으로 발령이 난다거나 군대에 갈 때 이사를 하게 된다. 오고 가는 사람들이 들려주는 삶의 이야기를 나는 따스한 마음으로 지켜보고 듣게 되었다. 여러 가지 어려운 사정도 있었다. 그럴 때면 상대방의 관점에서 생각하고 사는 데 불편함이 없도록 바로 처리해주었다. 몇 년씩 살다 보니 이젠 모두 한 식구 같았다. 참 좋은 인연에 감사하며, 지금 어디에 있든지 잘 살리라 믿는다.

아직도 대출 갚기에 급급하지만, 새로운 시도로 인연을 맺어가면서 살아가고 있다. 인생을 살아가면서 좋은 인연에 감사하고, 삶의 섭리가 오묘함에 또 한 번 감사한다. 남의 넉넉한 인생을 부러워하지 말고, 내가 할 수 있는 일에 최선을 다하면서 살아가야 한다. 때로는 어려움도 있겠지만, 기쁨과 행복을 느끼고, 삶의 지혜도 터득하면서 살아가는 것이 인생이라고 생각한다. 시도와 노력도 하지 않으면서 남의 것만 부러워하면 어찌 공평하다고 할 수 있겠는가! 실패도 자산이라고 했다. 내가 실패할지 성공할지 몰랐지만, 나는 위험을 안고 시작했다. 하지만 힘들고 어려운 것은 남들은 모른다.

나는 해보고 싶은 것은 두려워하지 않고, 시도해보려고 했다. 무엇이든 시작이 있어야 과정이 있고, 과정을 겪는 동안 나는 많은 것을 분명 얻을 수 있었다. 시작도 하지 않았다면 어떻게 얻었으며 배웠겠는가! 이론과 현실은 다르다. 단, 시작하기 전에 그 분야의 전문가와 많은 대화를 나누고 지식을 얻은 후 시작한다면 성공할 수 있을 것이다. 그리고 발품을 팔아 공부하면서 경험을 쌓는다면 반드시 성공할 수 있을 것이다.

이론보다 더 중요한 것이 경험이다. 누구나 성공하기 위해서 일을 시작한다. 실패하기 위해서 일을 시작하는 사람은 없다. 그런데도 간혹 실패하는 사람의 원인을 살펴보면 이유가 다 있다. 어떤 일이든 성급하게 해서는 안 된다. 경험이 많은 사람의 말을 무시하면 안 된다.

자신이 어느 정도 준비가 되었을 때 "시작하라! 나머지는 따라온다."라고 믿고 도전하라.

'운칠기삼'이라는 말도 있다. 70%가 운이라는 것은 내가 잘살았을 때 따라온다. 30%의 기는 나를 믿고 시작하는 것이다. 좋은 생각, 좋은 행동은 좋은 기를 끌고 온다.

날마다 좋은 기를 모으고 싶지 않은가?

07

별이 빛나는 밤에는
그리움이
깊어진다

처음으로 한 남자의 여자친구로 남자의 부모님께 인사를 드리러 갔다. 정장을 입고 나름 예를 갖추어 찾아뵈었다. 계절은 여름이었고 시간은 오후 3시쯤이었다. 두근거리고 설레는 마음으로 도착했는데, 집에는 어머님만 계셔서 나는 내심 실망했다. 나는 인사하러 간다고 격식을 갖추고, 어떻게 하면 즐겁게 다녀올까 고민했었다. 그런데 어머니의 편안한 복장, 손님이 올 거라고 전혀 생각 안 하고 계시는 분위기였다. '이 집 식구들은 주말인데, 다 어디 가셨나? 내가 인사드리러 가는 것을 얘기하지 않았나?'라고 생각했다. 나는 안내 받아 방으로 들어갔다. 방 두 칸에서 부모님 두 분과 남자친구, 남동생, 여동생이 두 명, 이렇게 모두 여섯 명이 살고 있었다.

방에 앉아 있는데, 어머님이 자그마한 찻상에 무언가를 가져오셨다. 대접에는 노란 기름이 둥둥 떠 있었고, 숟가락 하나에 소금 접시 하나가 있었다. 어머니께서 말씀하셨다.

"아가씨 온다 해서 닭 한 마리 푹 고았는데 들어보소."

같이 드시자고 했더니 먼저 들었다고 하셨다. 나는 안 먹을 수도 없어서 빈 그릇을 달라고 하여 국물 몇 숟가락 뜨는 체했다. 디저트로 과일이라도 주실까 기다렸는데 나오지 않았다. 내가 사 들고 간 과일도 있었는데 말이다. 어머니는 당황해서 깜박하신 모양이다. 서로 멋쩍어서 몇 마디 이야기 나누고 나는 자리를 떠 집으로 왔다. 내 마음은 무언가 알 수 없는 기분이었다. 남자친구와 헤어져야겠다고 생각했다. '이제 정신 차리고 공부에 매진하자.'라고 생각했다.

그런데 그 어머니의 소박함이 기억에 남아 있고, 선한 이미지가 자꾸 나도 모르게 끌렸다.

1년 정도를 친구로 만나면서 우리는 세 번이나 헤어졌지만. 끈질기게 쫓아다니는 그 사람의 집념에 의해 결국 1989년 12월에 결혼하게 되었다. 남자친구는 부모님 집을 외곽지에 독채 전세로 얻었다고 했다. 아무래도 며느리와 사돈 보기에 신경이 쓰인 모양이다. 나는 신혼집으로 방 한 칸을 얻어서 살림을 꾸렸다. 아무런 준비 없이 결혼하다 보니 바로 느낌이 왔다. '이건

내 인생의 그림이 아닌데······.' 후회해도 소용없었다. 바보 같은 나를 탓할 수밖에.

나는 마음을 바꾸었다. 이렇게 된 것 한번 어떻게든지 해보자. 해보고 안 되면 그만이고.

인생은 연습이 없다는 것이다. 나는 피할 수 없는 나의 현실을 뼈저리게 느끼며 후회했지만 소용없었다. 인생이 이런 건가. 나의 인생을 이렇게 내버려 둘 수는 없었다. 나는 어머니께 아이를 맡기고 일하러 다녔다. 하루라도 빨리 돈을 모아 우리 집을 사고 싶었다. 어머니께서는 우리 첫아들을 돌보아주셨다. 나는 어느 날 아예 함께 살자고 했다. 그때부터 시작된 10년 정도 시부모님과 함께 살았다. 어머니는 일하는 나를 많이 아껴주셨다. 늘 고생 많다고 하시며 내가 해야 할 일을 많이 도와주셨다. 어머님 덕분에 나는 마음 놓고 일을 할 수 있었다. 매우 감사했고 나는 어머님을 의지하게 되었다. 객지 생활을 일찍 해서 힘들었는데 어머님이 다 품어주셨다. 나도 이젠 한 가족의 일원이 되어가고 있었다.

언제부터인가 시어머님은 당신의 많은 이야기를 해주셨다. 어머니의 이야기를 들을 때면 같은 여자의 처지를 생각하게 되고, 너무 고생만 하신 어머님이 안쓰러웠다. 이때부터 어머님께 잘해 드려야겠다고 생각했다.

어머님은 온천을 좋아하셨다. 나는 주말마다 어머님과 온천 가는 것을 기꺼이 했다. 사실 나는 온천을 좋아하지 않았지만, 어머님을 위해 소소하지만 이것이라도 해드리고 싶었다. 지금 할 수 있는 것이 그것밖에는 없었다. 빨간 프라이드를 몰고 팔공산 온천도 가고, 경산에 있는 상대 온천도 갔으며, 청도 온천에도 자주 갔다. 대구 근교에 있는 온천에는 거의 다 간 셈이다. 어머님이 가장 좋아하시는 일이었기에 주저하지 않았다. 그렇게 나는 소소하게 행복을 느끼며 살았다. 낯설었던 시댁에 정붙이고 사니 살 만했다. 아들은 할머니 덕분에 잘 자라고 있었고, 아들이 초등학교 들어갈 무렵에 나는 갑자기 둘째 아이를 계획했다. 부모가 없어지면 혈혈단신 아들 혼자 얼마나 외롭겠는가. 처음 계획과는 다르게 나는 둘째를 간절히 원했다.

첫 출산 7년 후, 드디어 둘째 아이를 가지게 되었다. 나는 임신 10개월 동안도 내내 일했고 둘째를 출산했다. 어머님과 같이 살고 있으니 걱정 없었다. 둘째 아이가 태어나면서 집안은 분위기가 확 달라졌다. 저녁마다 옹기종기 앉아 아이를 쳐다보며 온 가족이 웃으며 행복해했다. 아이도 건강하게 잘 자라서 어린이집에 들어가고, 우리는 같이 살던 집이 비좁아서 분가했다. 아들도 공부방이 필요했고, 우리 부부도 작은 방에서 둘이 지내기가 너무 좁았다. 가까운 곳으로 아파트를 분양받아 독립하게 되었다. 아이가 어린이집에서 마치면 할머니 집으로 가서 놀고 있었고, 나는 매일 퇴근할 때 어머님 집으로 가서 아이를 데리고 집으로 돌아왔다. 둘째가 초등학교 입학 후 어머님 고생도 많이 하셨으니 이젠 편하게 지내시라고 했다. 그러나 가까이에서 살다 보니 할아버지, 할머니가 아이들을 자주 보고 싶어 하셔서 자주 가게 되었다. 아이들을 예뻐해 주시는 것도 고맙고, 아이들을 보실 때 시부모님은 매우 행복해하셨다. 아이들도 할머니, 할아버지를 좋아했다.

　나는 그동안 어머님, 아버님께 빚진 고마움을 이제부터 잘해 드리면서 갚아야겠다고 생각하고 계획을 세웠다. 해마다 어디를 가고 무엇을 할 건지를 내 나름대로 구상을 해두었다.

　2010년 2월, 어머님은 큰아이가 서울 고려대학교에 합격했다고 매우 좋아하셨다. 당신이 키웠으니 얼마나 뿌듯하셨을까! 온 동네 사람들에게 자랑도 많이 하시더니, 갑자기 그해 겨울 11월 26일 말 한마디 못 하시고 세상을 떠나셨다. 나는 가까운 사람이 이렇게 허무하게 가시는 것이 처음이었다. 나는 장례를 치르고도 믿기지 않았다. 밤마다 잠이 오지 않아 어머님께 편지를 썼다. 내 마음을 이야기해드리면 조금 아실까? 아직 말하지 못한 이야기가 많은데……. 이제부터 나의 효도를 받으셔야 하는데, 홀연히 떠나가신 것에 마음이 저렸다.

　나는 편지를 쓰면서 어머님께 다짐했다. '홀로 두고 가신 아버님은 걱정하지 마시라고. 내가 아무리 바빠도 아버님은 잘 챙겨드릴 테니 어머님은 천국에서 이젠 편하게 쉬시고 지켜봐 주세요.' 나는 어머님께 한 약속 때문이라도 아버님을 자주 찾아뵈었다. 주말은 물론이고 아버님 집 근처에 갈 일이 있으면 찾아뵙고 온다. 아버님은 고맙게도 친구분들과 동네 어르신들과 늘 잘 지내고 있었다.

　아버님 혼자 계시지만 나는 과일을 상자로 샀다. 친구분들이 오시면 부족하지 않게 드시고, 자주 오시라는 의미이다. 노인들은 돈이 아까워 못 쓰신다. 나는 그것을 알고 있었다. 우선 먹을 것이 있어야 사람들이 모인다. 나는 그것 또한 염두에 두었다. 과일이 떨어질 때쯤 되면 다른 과일을 사드리고 온다. 아버님은 암 환자였으므로 건강에 신경을 많이 써야 하는 상황이었다. 나는 최선을 다해서 그렇게 8년 정도 보살펴드렸다.

나는 잘해 드리지는 못했지만, 그저 맏며느리의 임무대로 최선을 다했다. 일하면서 잘하면 얼마나 잘하겠는가. 그러나 소홀하게 하지는 않았다. 아버님께 갈 때도 항상 손녀인 딸을 데리고 갔다. 아버님은 며느리인 나보다 손녀를 더 보고 싶어 한다는 것을 알기 때문이다. 아버님은 손녀를 보면 좋아서 웃고 계신다. 어릴 때 같이 살아온 덕분에 사랑을 많이 받은 딸도 할아버지에게 간다면 무조건 따라간다.

그렇게 몇 해가 지나가고, 아버님은 건강이 좋지 않았다. 대장암 수술을 하고 완쾌되었고, 위암도 발생하여 계속 치료받았다. 위암은 크게 문제가 안 되었다. 하지만 마지막에는 폐에 소세포암이 발견되었고, 수술도 안 되는 암이라고 의사 선생님이 말씀하셨다. 여러 가지 방법으로 치료했고, 병원에서 의사 선생님이 예상은 6개월 이내라고 하셨다. 하지만 아버님은 당신 스스로 관리를 잘하신 덕분에 2년 더 우리 곁에 계셔 주었다. 그러던 2018년 4월 어느 날, 아버님도 하늘나라로 편하게 가셨다.

해가 서산에 넘어가고 어둠이 내리면, 나는 하늘을 올려다본다. 강둑 길을 걸을 때도 노인들을 보면 어머님, 아버님이 그리워진다. 이 길을 같이 걸어볼 수 있다면 얼마나 좋을까! 피 한 방울 섞이지 않은 분들이지만 결혼으로 맺어진 부모님이다. 감사한 마음은 세월이 갈수록 깊어진다. 나도 세월을 따라가고 있음을 느낀다.

가을이 깊어지는 아름다운 밤이면, 그리움이 빛나는 별처럼 내려와 내게 다가온다.

"부모의 사랑은 내려갈 뿐이고 올라오는 법이 없다. 즉, 사랑이란 내리사랑이므로 자식에 대한 부모의 사랑은 자식의 부모에 대한 사랑을 능가한다."

철학자 C. A. 엘베시우스(Helvétius, Claude Adrien)의 이 말이 가슴에 다가온다. 감히 근접할 수 없는 부모의 사랑이 보름달처럼 떠오른다.

08

살아있는 한,
배우고 일하며
즐기자

 '내가 맨 처음 일할 때, 즉 1991년에는 우리나라 사람 평균수명이 68세였다. 불과 30여 년 전 일이다. 지금은 100세 시대를 살아가고 있다. 30년 만에 보험시장의 변화는 크게 달라졌다. 그 당시에는 평균수명이 이렇게 갑자기 늘어날 것을 예상하지 못했다. 납입 기간은 다양하지만 대부분 10년 납을 선호한다. 장수하면 축하금도 5년 단위로 늘어나도록 설정되어 있고, 확정금리로 지급한다. 회사로서는 상당한 부담이 될 것이다. 그러나 고객은 말 그대로 대박인 셈이다. 연금도 받고, 5년마다 축하금도 받는다. 그 당시 가입한 사람은 정말 행운을 얻은 사람이다.

 사람은 누구나 건강하게 살기를 원한다. 평균수명이 짧을 때는 건강하게 살 수 있었지만, 지금은 100세를 바라보고 살아가는 시대인 만큼 건강하지 못한 경우가 많다. 건강하게 오래 살려면 젊어서부터 건강관리를 잘해야 한다. 몸이 건강해야 맛있는 음식을 먹을 수 있고, 어디든 갈 수 있으며, 무엇이라도 시도할 수 있다. 50대를 건강하게 보내려면 40대에 운동해야 하고, 60대를 건강하게 보내려면 50대에 관리해야 하며, 70대를 멋지게 보내려면 60대에도 건강을 챙겨야 한다. 80대를 알차게 보내려면 70대에도 운동을 부지런히 해야 한다.

건강하기만 하면 일할 수 있을 때까지 일하는 것이 좋다. 내가 아무것도 할 수 없다고 생각하면 마음이 병들고, 몸은 금방 허물어진다. 그리고 무엇인가를 배운다면 정신건강에 큰 도움이 되며, 배움으로 활력을 찾을 수 있다. 그리고 젊어서 하고 싶었지만 못해본 것을 시도해보라. 당신의 마음은 이미 청춘이 된다. 새로운 삶의 의미와 세상에는 할 수 있는 일이 얼마나 많은지 알게 될 것이다. 무료로 배울 수 있는 것도 알아보면 매우 많다. 나이는 숫자일 뿐이고, 마음이 청춘이면 몸도 청춘이다.

젊은 나이에는 아이들 뒷바라지하느라 인생을 즐기지 못한다. 이제는 자녀들도 다 성장하였으니 자신의 인생을 살아가고, 여생을 소중히 여기며 마음껏 즐기라고 말하고 싶다. 악기도 배우고 풍류도 즐기며, 여행도 다니면서 더 넓은 세상을 마음껏 누려보았으면 한다. 그렇게 하기 위해서는 건강이 중요하다. 몸이 아프면 무슨 소용이 있겠는가? 모두가 그림의 떡이 되고 만다. 운동하고 일하며 배우고 즐기면, 가장 행복한 날들이 될 것이다.

돈이 많다고 성공한 인생은 아니다. 젊어서 그토록 많이 벌고 싶었던 돈도 건강하지 않으면 다 의미 없음을 알게 된다. 건강을 잃으면 다 잃은 것이라 했다. 부도 명예도 다 부질없게 되는 것이다. 심지어 건강하지 못하면 자식들에게 짐이 되어버린다. 자신이 원하지 않는 삶을 살아갈 수도 있다. 부모는 자식들에게 짐이 되고 싶은 사람은 없다. 하지만 젊어서 건강관리를 하지 않으면 어쩔 수 없이 자식에게 짐이 되고 만다. 자신의 건강관리를 위해 운동을 필수로 해야 한다.

자신이 투자한 시간도 없이 건강하기를 바라면 안 된다. 세상에 공짜는 없기 때문이다. 젊어서는 건강하니까 믿고 안 해도 되었지만, 세월이 가서 나이가 들었는데도 운동하지 않으면 건강을 보장할 수 없다. 건강하게 살기는 원하면서 건강관리를 하지 않는 것은 어불성설이다.

정년을 맞이하게 되면 무엇부터 해야 할지를 잘 모르는 사람이 있다. 이런 사람은 일만 하다가 준비 없이 정년을 맞이하기 때문이다. 정년 후 무엇을 할 것인가를 미리 준비하고 계획해야 한다. 이제는 정년 후 30년 또는 40년을 더 살기에 준비가 꼭 필요하다. 제3의 황금 같은 인생이 시작되는 것이다. 이제부터 당신의 인생이 새로 시작된다면, 얼마나 하고 싶은 것이 많겠는가!

나는 건강하게 살기 위해 매일 헬스와 걷기를 기본으로 하고 있다. 몇 년 후에 해보고 싶은 일도 이미 정리해 두었다. 먼저 시간을 틈틈이 내어 전국에 있는 전통 시장을 찾아갈 것이다. 인정이 넘치는 시장에서 땀에 젖은 사람들의 이야기에 귀 기울이며 삶을 엿볼 것이다. 두 번째로는 우리나라의 섬 여행을 다니고 싶다. 섬에서 아름다운 일출과 멋진 일몰을 보면서 순수한 섬마을 사람들의 해맑은 미소를 볼 것이다. 세 번째로는 악기를 배워서 연주하고, 많은 사람과 어울려 함께 즐길 것이다. 네 번째로는 발길 닿는 시골에 가서 한 달 정도 살면서 동네 주민이 되어 살아볼 것이다. 시골 사람들의 일상을 같이 경험하면서 착한 나그네가 되고 보리라. 다섯 번째는 매년 새로운 것을 배워보는 것이다. 우리나라의 전통음식인 장 담그기와 된장, 고추장을 만들어 숙성되어가는 것을 보면서 삶의 맛도 나누어 보아야겠다.

미래의 나는 하고 싶은 것도 많고, 배우고 싶은 것도 많다. 그러니 얼마나 행복한 사람인가!

지금부터 시간을 쪼개어 실행할 것이다. 평균수명 68세가 100세 인생으로 늘어났지만 다 그렇게 사는 건 아니다. 내일은 내일의 태양을 맞이하는 자의 특권이다.

제3의 황금 같은 나의 멋진 인생을 위하여 새로운 시작을 할 것을 생각하니 마음이 설렌다. 날마다 찬란하게 떠오르는 태양을, 가슴 벅차게 맞이해야 하는 이유를 알 것 같다. 그동안 눈 뜨면 자동으로 일어나 아침을 준비하고 출근했던 일상이 당연하다고 생각했다. 이젠 아침마다 눈 뜨면 감사의 기도를 잊지 않는다. 소중한 나의 일상을 귀하게 여기고, 아끼며 사랑하려 한다. 받는 것보다 줄 수 있는 것에 감사하며 나를 응원해야겠다.

감사할 수 있는 일이 많은데 놓치고 살아온 지난날이 아쉽다. 흐르는 물은 썩지 않는 것처럼, 내 마음에도 맑은 물이 날마다 흐르게 해야 함을 이제 알았다. 내일은 누구도 알 수 없고 장담할 수 없기 때문이다. 아름다운 꽃처럼, 활짝 웃는 꽃처럼 나도 그런 꽃이 되고 싶다.

꽃은 봄에 피는 꽃과 여름에 피는 꽃이 다르다. 그리고 가을에 피는 꽃과 겨울에 피는 꽃이 다르다. 꽃이 피려면 물, 공기, 온도, 산소가 그 꽃에 맞아야 피워낼 수 있다. 그러나 사람은 계절에 상관없이 따뜻한 마음과 온화한 미소의 꽃을 피워낼 수 있다. 그것은 돈이 드는 것이 아니고, 어려운 것은 더욱 아니다.

이제는 따뜻한 마음과 온화한 미소를 꽃 피우면서 살아보려 한다. 인간에게 주어진 특혜라고 말하는, 기억과 망각을 잘 조절하면서 살면 그렇게 살 수 있지 않을까 생각한다. 좋은 것과 감사한 것은 기억하고, 잊어버릴 것은 망각 지우개로 지워버리면 되는 것을 나는 그렇게 하지 못했다. 내 마음에 고여있는 상처받은 감정을 내보내지 못했었다.

세월의 덕분인지 이제는 알겠다. 어떻게 하면 행복하고 건강하며, 후회하지 않을 것인지를. 인생은 그저 얻어지는 것이 아니다. 들꽃 한 송이도 이유

없이 피는 꽃은 없다. 나의 삶도 마찬가지다. 소중한 내 인생을 대충 살아갈 수는 없다. 살아있는 한, 나에게 최선을 다하여 일하고 배우며, 즐겁게 살아가는 것이 의무이다.

이 세상에 태어날 때 축복받고 사랑받으며, 사랑하기 위해 태어났다. 이것을 기억하며 살아간다면, 스스로 해야 할 일이 무엇인지 알게 될 것이다.

아프리카 속담에 이런 말이 있다.

"노인 한 사람이 죽으면 도서관 하나가 불타는 것과 같다."

삶의 경험은 그 무엇과도 바꿀 수 없는 소중한 자산이다.

무엇이라도 시도해보면
좋은 경험이 되고
삶의 지혜를 얻는다

　세상이라는 들판에 나는 하나의 씨앗으로 왔다. 싹을 틔우고 성장하기 위해 무엇을 해야 하는지 처음부터 다 알지는 못했다. 흙을 만나고, 햇볕과 바람을 만나 싹을 틔우고 자라 줄기를 형성하고, 잎이 났으며 열매를 맺어 갔다.

　씨앗 하나하나가 모여 꽃밭을 이루거나 숲을 이루듯, 사람도 한 사람 한 사람이 모여 세상을 이룬다.

　사람은 인생이라는 꽃밭이나 숲에서 지혜를 배우고, 사랑을 느끼며, 다양한 경험을 통해 성장해간다. 저마다 향기가 있는 꽃처럼 아름답게 살아간다. 나는 어떤 꽃이었을까? 잠시 멈추어 서서 지나온 삶을 뒤돌아보니 아무도 알아보지 못하는 들꽃이었다.

이름 모를 들꽃도 군락을 이루면 아름다운 꽃밭이 된다는 것을 나는 안다. 맡겨진 일에 열정을 쏟아 최선을 다한다면, 그 누구도 흉내 낼 수 없는 멋진 삶이 되리라. 누가 알아주지 않더라도 스스로 자부심이라는 줄기를 세워, 사명이라는 잎이 나게 하여, 감사라는 열매를 거두었다.

어떤 일을 하는지가 중요한 것이 아니라 '무엇 때문에' 하는지가 중요하다. 힘들고 어렵다고 포기하면, 할 수 있는 일은 전혀 없고 얻는 것도 없다. 소중한 시간을 의미 없게 흘려보내지 않기를 바란다. 무엇이라도 시도해보면 좋은 경험이 되고, 그 경험은 삶의 지혜를 가져다준다.

명심보감에 이런 말이 있다.

"한 가지 일을 경험하지 않으면, 한 가지 지혜가 자라지 않는다."

세상에 안 되는 일은 없다. 노력이 부족할 뿐이다. 오늘도 부족한 부분을 채워나가기 위해 아침에 일어나 집을 나선다. 세상이라는 아름다운 학교에 가기 위해서이다.

끝으로, 늘 곁에서 함께해 준 남편 배효문 님에게 감사하며, 아들 배태웅, 딸 배지현에게 나의 아들과 딸로 와주어 고맙다는 마음을 전한다.